Apfelbauer

Theaterstück

von

Carl Remppis

———————————————

Bad Feilnbach.

Weihnachten 2019.

Dieses Buch ist ein Theaterstück. Handlung und Personen sind frei erfunden. Ähnlichkeiten mit lebenden oder toten Personen und Firmen sind nicht gewollt und rein zufällig.

© Carl Remppis, Hrsg. Dirk Kowalewski, Bad Feilnbach 2019
Alle Rechte vorbehalten, insbesondere das der Übersetzung, des öffentlichen Vortrags sowie der Übertragung durch Rundfunk und Fernsehen, auch einzelner Teile.
Kein Teil des Werkes darf in irgendeiner Form (durch Fotografie, Mikrofilm oder andere Verfahren) ohne schriftliche Genehmigung des Herausgebers reproduziert oder unter Verwendung elektronischer Systeme verarbeitet, vervielfältigt oder verbreitet werden.
Druck: Verlag T. Lindemann, Offenbach / Bürgel
Printed in Germany
Erste Auflage 2019
ISBN 978-3-00-064282-1

REINHOLD

und den

APFELBAUERN

in

Bayern, Württemberg, Baden,

Südtirol und der Schweiz

in Verbundenheit gewidmet

von dem Verfasser.

Personen

Michael Schweizer *(Schreiner und Apfelbauer aus Beiershausen).*

Hans Hofinger *(Gastwirt, Betreiber einer Sammelstelle).*

Jacob Bühler *(Betreiber einer Sammelstelle, Kaufmann, Safthersteller).*

Anna-Maria Kurtz *(Schwester von Michael Schweizer).*

Frau Bühler.

Polizist.

Fuhrmann / Schreinerehepaar / Notar / Frau Hofinger / Apfelbauern / Zimmermann / Frau bei Sammelstelle / Inspektor / Zwei Ganoven / Hauswart / Arzt / Betrunkener / Wachtmeister / Kaufmann bei Saftbetrieb.

Erster Teil

Erste Scene.

Bauernhof mit Werkstatt.

Metallräder knirschen auf Schottersteinen. Ein Wagen hält an. Pferde schnaufen und schütteln den Kopf. Schweißtropfen schleudern umher. Der Fuhrmann springt behände vom Kutschbock herunter, füllt am Brunnen zwei Eimer mit Wasser und gibt den Pferden zu saufen. Der Wagen ist voll mit langen Brettern beladen. Der Fuhrmann geht zum Haus und klopft laut an die Tür.

Fuhrmann.
Holz aus dem Sägewerk ist da.

Ein alter Schreiner kommt aus dem Haus, unterhält sich kurz mit dem Fuhrmann, zeigt wo das Holz abgeladen werden kann, bezahlt und geht wieder ins Haus.

Zweite Scene.

In der Schreinerwerkstatt.
(Der Schreiner betritt die Werkstatt und wendet sich an Michael Schweizer.)

Schreiner.
Dein Vater ist gestorben, vor zwei Tagen schon.
Schweizer.
Wie, was erzählt er da? Ich glaub es nicht! Das muß ein Irrtum sein!
Schreiner.
Deine Schwester Anna-Maria hat es mir ausrichten lassen. Brich die lange Walz ab und gehe rasch nach Hause.
Schweizer.
Will er mich loswerden?
Schreiner.
Aber nein. Regle was zu regeln ist und trete dein Erbe an. Hier hast du deinen Lohn und noch was drauf. Ich wünsche dir alles Gute, Gott sei mit dir.
Schweizer
(erschrickt und wendet sich ab).

Mein Vater war alt, aber sein Tod kam dann doch sehr plötzlich.
(er zögert)
Ich geh nicht gern, aber ich muss, daher pack ich mein Bündel und schau nach dem Rechten!
(zur Schreinerfrau, die eben dazukommt)
Nach alter Tradition bin ich auf die Walz gegangen. Nicht zu weit entfernt, aber doch weit genug und schließlich fortgeblieben, weil es mir hier gefallen hat. Nun muss ich die Rückkehr antreten, unerwartet und früher als gedacht.
(er schüttelt dem Schreiner und seiner Frau zum Abschied die Hand)
Ich mach mich auf den Weg, herzlichen Dank für alles, wir sehen uns wieder, jetzt muss ich fort.

Dritte Scene.

Beim Notar.

Notar.
Ich begrüße sie, Herr Schweizer, Familienstand ledig und Frau Kurtz, verwitwet, geborene Schweizer aus Anlass des Ablebens ihres Vaters und zur Verlesung des Testaments.

Mein Sohn Michael erbt die Schreinerei und die Wiesen mit den vielen üppigen Apfelbäumen. Das Haus erben mein Sohn Michael und meine verwitwete Tochter Anna-Maria zu gleichen Teilen. Beide haben unabhängig von späteren Eigentumsverhältnissen Wohnrecht auf Lebenszeit.
(macht eine kurze Pause)

Außerdem soll ich neben dem Testament noch einen Brief verlesen, den Frau Anna-Maria Kurtz beim Aufräumen des Schreibtisches des verstorbenen Vaters gefunden hat. Er ist adressiert an, ich zitiere „meinen Sohn Michael", gesiegelt und auf dem Umschlag mit dem Hinweis versehen. „Nur im Falle meines Ablebens zu öffnen."

(öffnet den Brief)

Lieber Michael! Ich hoffe, es hat lange gedauert, bis Du den Brief aufmachen musstest. Verfalle nicht in Trübsal, sondern erfreue Dich der schönen Dinge. Das Wesentliche im Leben sind die Eltern, die Geschwister und die Kinder. Also das direkte Davor und das direkte Danach und dass was dazu gehört. Der Rest ist nachrangig.
Ob für Dich zum Wesentlichen meine, ab sofort Deine, Hangwiesen mit den vielen Apfelbäumen gehören, wirst du selbst herausfinden müssen.
Wie ich Dir einmal erzählt habe, hat mein Vater auf den Wiesen Apfelbäume gepflanzt, nachdem die Weinreben wegen der Reblaus alle eingegangen waren. In der Notzeit des letzten Krieges kamen weitere Wiesen hinzu, nachdem so mancher Bauer meinem Vater hügelige

Wiesen gegen gutes Geld verkauft hatte. Auch hier hat er Apfelbäume gepflanzt und irgendwann hieß es über Deinen Großvater, er sei „der große Bauer". Ich habe zunächst aus Tradition meines Vaters Erbe bewahrt, die Wiesen gemäht, die Apfelbäume alle paar Jahre geschnitten und neue Bäume gepflanzt. Der Apfelverkauf war ein gutes Zubrot. Lieber Michael bedenke, dass wie in meinem Fall, die meisten Apfelbauern keine echten Bauern sind. Genaugenommen hat jeder einen anderen Beruf und geht einer anderen, als einer landwirtschaftlichen Beschäftigung nach. Doch der Hauptberuf reicht häufig nicht zum Leben aus. Mit den Obstgrundstücken erwirtschaften sich die Apfelbauern im Nebenerwerb ein Zubrot. Für den Eigenbedarf haben viele Apfelbauern die Äpfel selbst gepresst und ihren eigenen Most hergestellt. Das spart natürlich Geld, denn Bier kauft man sich nur an Weihnachten und an Ostern eine Kiste. Most versorgt die ganze Familie, von jung bis alt. Bei uns gibt es keine

Familie im Dorf, die weniger als 600 Liter Most im Keller hat.

Manche Leute, die kein eigenes Obst hatten, kauften bei mir die Äpfel und machten Zuhause mit einer Presse Saft und Most daraus.

In den letzten Jahren, nachdem Du fort warst, hat sich vieles grundlegend geändert, als der Kaufmann Bühler aus Köpenick sich hier mit seinem Gewerbe niederließ und eine Apfelsammelstelle mit Mosterei aufbaute. Für manche Leute war die eigene Mostherstellung nicht mehr interessant. Bühler hat alles billiger erledigt und man bekam seinen fertigen Saft sogar im Fass nach Hause geliefert. Wer keinen Saft wollte, konnte Bühler auch die Äpfel verkaufen, die er zum Teil weiterverkaufte.

Nach und nach kam so alles in Kaufmann Bühlers Hand und er wurde von Tag zu Tag immer geschäftstüchtiger. Schließlich war er der einzige am Markt, kaufte Äpfel auf, presste diese und verkaufte Saft und Most. Den Preis diktierte er, wie es ihm gefiel. Die Leute - und damit auch ich -

bekamen immer weniger Geld für ihre
Äpfel. Hat Bühler uns ein bis zwei Jahre
einen Hungerlohn dafür gegeben, gab er
im dritten Jahr ein bisschen mehr, um uns
ruhig zu stellen, aber im darauffolgenden
Jahr senkte er den Preis gleich wieder.
Mancher Bauer hat die Bäume im Ärger
gerodet oder ließ die Äpfel einfach auf
der Wiese verfaulen. Die meisten
Apfelbauern konnten sich den Protest
aber gar nicht leisten, sondern mussten,
um den Zusatzverdienst zu erhalten, auch
für den schlechtesten Lohn, die Äpfel
aufklauben und verkaufen.
Also lieber Michael, das ist die traurige
Lage. Entscheide selbst, wie es
weitergehen soll mit den Apfelwiesen und
ob Du nicht besser wieder Wein anbauen
solltest, wie in alten Zeiten.
Dein Vater.
(legt den Brief beiseite)

Erlauben Sie mir, Frau Kurtz und Herr
Schweizer eine Bemerkung. Das ist kein
herkömmliches Vermächtnis. Ich habe

dergleichen noch nicht gehabt. Treffen sie bitte keine vorschnellen Entscheidungen.
(förmlich)

Haben sie noch irgendwelche Fragen? Ich sehe, dass dem nicht so ist. Die Niederschrift lasse ich Ihnen in Bälde zukommen. Leben Sie wohl.
Schweizer.
Einen Moment bitte. Was ich noch sagen wollte, Herr Notar, ich habe vernommen, was meinen Vater notiert hat, weil es ihn bewegt hat. Vorschnelle Entscheidungen werden das bei mir nicht sein und ich werde in mich gehen. Ich bin Teil der Geschichte und kenne das Thema seit meiner Kindheit. Ich weiß schon, in welchem Maße ich der Familientradition verpflichtet bin. Meine Entscheidung und mein Vorgehen werden auf einem guten Fundament stehen.
Notar.
Na denn, umso besser, dann wünsche ich Ihnen eine gute Ernte.

———

Vierte Scene.

Kontor Bühler.

(Ein dunkler Schreibtisch mit Papieren, Schreibutensilien in einer Schale und zwei Akten. Licht fällt durch ein Fenster mit Fensterkreuz auf den Tisch. Eine Lampe mit grünem Schirm auf dem Tisch, ein ovales Gemälde an der Wand, in goldenem Rahmen welches einen Mann mit Vollbart zeigt, ein schmales hohes Tischchen mit einer Pflanze neben dem Fenster, ein Papierkorb beim Schreibtisch und ein schwerer Schreibtischstuhl. Auf der anderen Seite ein niedriger Stuhl für Besucher. An der Wand ein Schaukelstuhl.)

Schweizer
(kloppft an und betritt den Raum).
Guten Tag Herr Bühler, vielen Dank, dass Sie sich die Zeit genommen haben für ein Gespräch mit mir.

Bühler.
Ein Gespräch? Sie haben angefragt.
Warum nicht.
Schweizer.
Ich wollte mich mit ihnen unterhalten.
Bühler.
Setzten sie sich bitte. Nun lassen sie mal hören.
Schweizer.
Ich will das Thema kurz umschreiben.
Bühler
Nicht zu ausführlich, ich habe wenig Zeit.
Schweizer.
Ich bin vorstellig geworden, weil ich letzte Woche das Erbe meines Vaters angetreten habe und jetzt im Besitz einiger stattlicher Apfelwiesen bin.
Bühler.
Schön für sie. Ich kannte ihren Vater flüchtig. Mein Glückwunsch zum Erbe.
Schweizer.
Sie haben in den letzten Jahren die Äpfel aus Beiershausen und den umliegenden Dörfern aufgekauft und zu Saft und Most verarbeitet.

Bühler.
Das ist mein Geschäft. Soll ich da etwas heraushören?
Schweizer.
Ja, denn die Leute fühlen sich für die Arbeit, die sie mit den Apfelgrundstücken haben nicht gut genug entlohnt.
Bühler.
Die können nie genug bekommen.
Schweizer.
Ich bin einiges herumgekommen und kenne eine interessante Entwicklung, die ich Ihnen vorschlagen möchte, sie auch hier in den Dörfern zu praktizieren.
Bühler.
Wer sind sie denn? Ich wüsste nicht, warum ich mir Ratschläge von Ihnen anhören sollte.
Schweizer.
Nur kurz, das müsste sie interessieren. Ich möchte mir für meine Apfelgrundstücke durch einen Inspektor bescheinigen lassen, dass ich keine Insektizide einsetze und das Obst naturbelassen bleibt.
Bühler.
Und was soll mir das bringen?

Schweizer.

Wenn Sie einen Inspektor auf meine Grundstücke schicken würden, bekämen sie den Nachweis dafür, dass mein Obst mehr wert ist, als welches, das mit Insektiziden behandelt wurde. Sie könnten es teurer weiterverkaufen und auch einen verträglicheren Saft herstellen. An mich als Apfellieferant könnte dann auch ein höherer Betrag bezahlt werden.

Bühler.

Das ist es. Mehr Geld wollen sie von mir, war ja sonnenklar und den Inspektor soll ich Ihnen auch noch bezahlen. Wieviel ar haben denn die Apfelgrundstücke ihres Vaters, ich habe die Daten nicht im Kopf?

Schweizer.

250 ar mit 300 Bäumen

Bühler.

Das klingt zwar nach viel, dafür lohnt es sich dennoch nicht einen Inspektor kommen zu lassen, der ist viel zu teuer. Zurzeit nehme ich das Obst, wie es ist. Manche Apfelbauern bringen Mittel auf, gegen Schädlinge, aber das sind nur wenige. Die meisten Äpfel sind naturbelassen, wie mir gesagt wird. Die Spritzmittel schaden auch nicht, mein Saft und Most sind sehr wohl verträglich, damit brauchen sie mir nicht kommen, es hat sich noch keiner beschwert. Das Geld für den Inspektor müsste ich auf den Saftpreis aufschlagen. Das will mir doch keiner bezahlen.

Schweizer.
In Großstädten wie Köln sind die Leute bereit mehr zu bezahlen, wenn sie wissen, dass keine Mittel gegen Schädlinge aufgebracht wurden. Manche Leute vertragen den Saft und Most besser, keine Bauchschmerzen und kein Kopfweh.

Bühler.
Papperlapapp, hier sind wir auf dem Land. Können Sie mir garantieren, dass die Leute hier den teureren Saft kaufen? Nein, können sie nicht.

Schweizer.
Ich meine, die Leute wollen gutes Ost und guten Saft und Most haben und sie wissen es selbst und haben es gesagt, nicht alles Obst in unserer Gegend ist gut und

unbehandelt. Könnten Sie es nicht einfach versuchen?

Bühler.

Abgesehen von den Kosten für den Inspektor müsste ich dann eine zweite Sammelstelle einrichten. Eine für reguläre Äpfel und eine für ihre, wie sie sagen, naturbelassenen Äpfel. Wir müssten die Apfelannahmen räumlich trennen, wegen der Gefahr einer Verwechslung. Dafür brauche ich mehr Platz und mehr Personal. Wer soll das alles bezahlen?

Schweizer.

Sie bräuchten die Apfelannahmen doch nur organisatorisch trennen, dann gäbe es keine Verwechslung.

Bühler.

Bleiben sie mir weg mit ihrer Bauernschläue. Das ist viel zu teuer. Ich müsste mindestens 10 Tausend Mark investieren und dann kommen sie mir mit nur 10 Apfelbauern, die ungespritztes Obst abgeben wollen, was sich nicht rechnet.

Schweizer.
Die Leute haben doch keine Alternative und würden schon alle ihre Äpfel bei Ihnen abgeben.
Bühler.
Mir reicht's. Ich habe bisher keinen Inspektor gebraucht und ich werde auch keinen bezahlen. Eine zweite Sammelstelle bei uns im Flecken wird es nicht geben. Ihr könnt weiter eure Äpfel bei mir abgeben, zu meinen Bedingungen und ihr werdet angemessen entlohnt, aber bringt mich nicht auf die Palme. Und jetzt muss ich mich entschuldigen.
(Er zeigt Schweizer den Weg zur Tür.)
Schweizer.
Das war nicht mein letztes Wort. Sie werden sich noch umgucken.

Fünfte Scene.

Schweizers Stube.

(Ein Schreibtisch, ein Stuhl, zwei Familienbilder in ovalen Rahmen, ein Schrank zwischen zwei Fenstern, eine Kommode, darüber ein Spiegel und daneben ein Bett. Eine Pflanze, auf einem Nussbaum-Pflanzgestell.)

Schweizer
(schreibt einen Brief für die Anschlagtafel im Dorf und liest diesen seiner Schwester Anna-Maria vor).
An die Apfelbauern im Dorf und den umliegenden Höfen. Lasst Eure Apfelbäume durch einen Inspektor begutachten, wenn Ihr keine Insektizide oder sonstigen Präparate gegen Schädlinge einsetzt.
Sofern Ihr keine Metallsalze, weder Nikotin- oder Arsen und auch nicht das Zeidlersche Pulver oder Präparate aus Chrysanthemen einsetzt, sehen Eure Äpfel zwar nicht so schön aus und in manchen Jahren habt Ihr auch eine

geringere Ernte, dafür sind Eure Äpfel wertvoller.
Die Früchte und der Saft sind für viele Menschen bekömmlicher und schädigen nicht ihre Gesundheit, besonders nicht bei intensivem Verzehr.
Bestätigt der Inspektor, dass Eure Apfelbäume nur der Natur und ihren Launen überlassen bleiben, so wird Euch das mit Brief und Siegel bestätigt. Für diese Äpfel und daraus gewonnenen Saft und Most lassen sich besonders in Städten hohe Preise erzielen. Diese sind doppelt, bis dreifach so hoch, wie das, was Ihr bisher dafür bekommen habt.
Ich habe noch keinen Kaufmann gefunden, der in Beiershausen eine Sammelstelle für unsere Äpfel einrichtet, doch das ist nur eine Frage der Zeit.
Tun wir uns jetzt zusammen für eine Inspektion unserer Wiesen und Apfelbäume. Wer mitmachen will, komme am Samstag- Abend um 6 Uhr zur Linde. Dort werde ich Euch berichten, wie wir jetzt vorgehen müssen. Zauderer

sind unerwünscht und mögen bitte fernbleiben.
Hochachtungsvoll
Schreiner Schweizer

———

Sechste Scene.

Versammlungsplatz Linde.
(In Beiershausen, an einem Samstag Abend im Juni, bei sonnigem Wetter. Der Platz füllt sich mit etwa 20 Personen.)

Schweizer
(steht auf einer Weinkiste).
Für die, die mich nicht kennen, ich bin der Schweizer Michael, Sohn des verstorbenen Gottfried Schweizer und seit kurzem wieder heimgekehrt ins Dorf.
Erster Apfelbauer.
Wir kennen dich und deine Familie.
Schweizer.
Mein verstorbener Vater hat mir aufgeschrieben, was Kaufmann Bühler uns in den letzten Jahren für die Äpfel an seiner Sammelstelle bezahlt hat.

Dreimarkfünfzig für 100 kg. Ein Hungerlohn. Wenn man bedenkt, für wieviel Geld er den Saft dann weiterverkauft.

Zweiter Apfelbauer.
Unverschämt und wir brauchen das Geld doch so nötig.

Schweizer.
Und wenn er mal gut bezahlt hat, dann waren es sechsmarkfünfzig für 100 kg.

Dritter Apfelbauer.
Immer noch zu wenig.

Erster Apfelbauer.
Da zahlen die Perser ihren Kindern fürs Teppichknüpfen mehr.

Zweiter Apfelbauer.
Wir brauchen ein höheres Apfelgeld.

Dritter Apfelbauer.
Der Bühler nimmt uns aus, wie eine Weihnachtsgans. Er ist der Einzige, der satte Gewinne macht und wir müssen Jahr für Jahr höhere Steuern bezahlen und wissen nicht mehr wie wir durchkommen sollen.

Schweizer.
Ich bin auf der Walz viel rumgekommen.
In Köln bezahlen sie 16 Mark, manchmal
bis zu zwanzig Mark für 100kg. Aber hier
bestimmt Kaufmann Bühler den Preis und
das dürfen wir uns nicht länger gefallen
lassen.
Apfelbauern zusammen.
Genau! Hoch, hoch, hoch!
Schweizer.
Ich bezahle aus meinem Erbe einen
Inspektor, ich strecke das vor. Dieser
Inspektor bescheinigt uns gute
Apfelqualität, da wir keine Insektizide
verwenden. Ich trage das Risiko, welches
Bühler als Kaufmann nicht auf sich
nehmen wollte.
Erster Apfelbauer.
Ein schöner Kaufmann ist das. Wenn wir
nicht mehr können, hat er auch nichts
davon.
Schweizer.
Dann muss uns Bühler oder ein anderer
für das Obst mehr bezahlen.

Zweiter Apfelbauer.
So einfach gesagt, doch wie? Der macht das nicht freiwillig.
Schweizer.
Ich notiere mir jetzt eure Namen, die Größe der Grundstücke und die Anzahl der Apfelbäume und wir werden nach der Inspektion schon dieses Jahr doppelt so viel Geld für unsere Äpfel bekommen.
Dritter Apfelbauer.
Dem Bühler zeigen wir es.

———

Siebente Scene.

Schweizers Stube.

Schweizer
(*am Schreibtisch*).
So jetzt schreibe ich noch einen Bericht für die Anschlagtafeln in den Dörfern und zeichne mich auf einer Weinkiste vor der Linde.

Eine Versammlung der Apfelbauern am Samstag unter der Linde zeigte die

Geschlossenheit des Dorfes Beiershausen. Die Apfelbauern brauchen mehr Geld und lassen dafür ihre Apfelwiesen inspizieren. Schreiner Schweizer bereitet die Inspektion vor und sorgt für die Vorfinanzierung. Kaufmänner, die dieses Obst zu einem angemessenen Preis aufkaufen wollen, können sich melden bei Schreiner Schweizer.

―――――

Achte Scene.

Kontor Bühler.
(Im Arbeitszimmer. Frau Bühler sitzt in einem großen Schaukelstuhl und strickt.)
Bühler
(geht auf und ab).
Diese Apfelbauern! Jetzt macht der Schweizer das selber mit der Inspektion. Ich zahle ihm das nicht. Da geht sein Erbe drauf. Das bekommen die nie hin, diese tumben Bauern. Die sollen sich nicht so anstellen. Wenn ihnen das Geld nicht mehr reicht, so liegt es an höheren Ansprüchen. Müssen halt den Gürtel auch

mal enger schnallen. Denen werde ich die Stirn zeigen und wenn es so weit kommen muss, dass ich deren Obst einfach nicht mehr annehme, dann werden sich alle gegen den Schweizer wenden und der ist erledigt.

Frau Bühler.
Reg dich nicht auf, denk an deinen Blutdruck.

Neunte Scene.

Schweizers Stube.

Schweizer
(zu seiner Schwester).
Meine Vorbereitung für die Inspektion und die Begutachtung durch den Inspektor waren erfolgreich, aber auch teuer. Ich muss jetzt einen Abnehmer für das Obst suchen und der muss außerdem bereit sein, den höheren Preis zu bezahlen. Bei Kaufmann Bühler war ich nochmal, er hat mir wieder eine Abfuhr erteilt.

Anna-Maria.
Geh doch mal unter die Leute und sinniere nicht so vor dich hin.
Schweizer.
Ist ja schon gut, ich geh jetzt zum Gerberstüble. Der Wirt, Hans Hofinger ist einer derjenigen im Dorf, mit dem ich mich seit meiner Rückkehr von der Walz besonders gut verstehe. Außerdem gefällt es mir, dass er seinen Most und Wein auch außer Haus verkauft und alten Leuten, die nicht mehr schleppen können die Getränke, ohne Spesen zu verlangen sogar bis zur Haustür liefert.

Zehnte Scene.

Gerberstüble.

(Hofinger steht meistens hinter dem alten Holztresen. Er hat eine mittelgroße Statur, nur noch wenige Haare auf dem Kopf, ein breites Kinn, buschige Augenbrauen, Stiernacken, einen breiten sicheren Stand und kein Windstoß könnte ihn umwerfen. Wenn er hinter dem

Tresen hervortritt, steht er vor einem in Sandalen und sieht aus wie ein alter Römer.

Der Tresen in seinem Stüble ist nicht groß, er bietet gerade mal fünf Personen Platz. Häufig stehen ein oder zwei Gäste am Tresen und trinken Apfelmost und an einem der drei Tische sitzen zwei oder drei Gäste und trinken Most oder Wein aus Römergläsern.)

Schweizer
(betritt das Lokal).
Grüß Gott, für mich bitte einen Most und die Korbflasche mit Most für meine Schwester Anna-Maria zum Mitnehmen.
Hofinger.
Gerne.
(Hofinger nimmt eines der Gläser die am Tresen herunterhängen und gießt mit dem Krug ein. Ein Hund bellt aus dem Hinterzimmer. Hofingers Frau kommt durch eine Schwingtür aus dem hinteren Privatzimmer, da sie das Türglöckchen

läuten hörte und schauen will, ob es an etwas fehlte.)

Frau Hofinger.

Grüß Gott Herr Schweizer.

Schweizer
(murmelt).

Ja sicher, Grüß Gott.

Frau Hofinger.

Hans ich sehe, du bewirtest die Gäste, dann kann ich mich gleich wieder entschuldigen, ich muss das Essen vorbereiten. Herr Schweizer, grüßen sie mir bitte ihre Schwester.

Hofinger
(zu Schweizer).

Hier dein Most, zum Wohlsein.

(Hofinger nimmt sich selbst sein Wasserglas und grüßt freundlich zu Schweizer.)

Schweizer.

Prost.

Hofinger.

Und, was gibt's Neues?

Schweizer
(schaut in die Runde, wer alles da ist und zuhört. Alle Gäste sind mit einbezogen,

denn man führt in diesem Stüble keine Zweiergespräche, wenn mehr als zwei Personen anwesend sind. Wenn einer spricht, schweigen die anderen und nicht nur der Angesprochene antwortet, sondern jeder, der möchte).

Jetzt habe ich, wie du weißt, die Apfelgrundstücke von etlichen Kleinbauern durch einen Inspektor begutachten lassen. Es war in allen Fällen erfolgreich, doch die Rechnung des Inspektors war beachtlich.

Hofinger.

Und?

Schweizer.

Und jetzt haben wir keine Sammelstelle für zertifiziertes Obst im Dorf. Wenn die Leute ihr Obst abgeben wollen, ist die einzige Sammelstelle die von Kaufmann Bühler. Ich habe Bühler nochmals gefragt, ob er unsere Äpfel dieses Jahr zum höheren Preis aufkauft, da wir den Nachweis mit Brief und Siegel haben, dass wir ungespritzte Äpfel liefern können. Doch Bühler hat abgelehnt und will keine Mark mehr bezahlen. Er meinte, dreifünzig sei bei der diesjährigen Ernte genug. Und ich bleibe auf meinen Inspektor Kosten hocken, die will er mir auch nicht erstatten.

(Zwei Gäste bezahlen und wollen das Lokal verlassen.)

Hofinger
(zu erstem Gast).

Wilhelm, den Most liefere ich dir morgen früh und trag ihn dir in den Keller hinunter.

Erster Gast.

Ist gut, Danke.

Zweiter Gast
(beim Hinausgehen).

Vergesst bei allem Geld nicht die hohen Herren, die immer unsere gepflegte Naturlandschaft loben, selbst aber nichts dazu beitragen, sondern nur die Steuern erhöhen.

Dritter Gast
(am Tresen).

Wie wahr, das sind Wegelagerer wie zu Zeiten von Thurn und Taxis.

Hofinger
(zu Schweizer).
Dein Geld verdienst du doch mit der Schreinerei. Die Apfel-Inspektoren-Sache hast du doch nur so nebenher begonnen. Wenn es mit der Abgabe mangels Sammelstelle nicht klappt, dann geht es eben nicht. Na ja, einmal musst du den Inspektor bezahlen, das ruiniert dich aber nicht, du mit deiner Schreinerei kannst das verkraften. Warum nimmst du dir die Sache so zu Herzen?
Schweizer.
Du kannst das vielleicht nicht verstehen. Mein Großvater hat während des Krieges, als andere ihre Apfelwiesen verkaufen wollten, aufgekauft. So kam er zu einer stattlichen Anzahl an Wiesen, auf denen er Apfelbäume pflanzte. Weißt du, was das für eine Arbeit war? Das ganze Jahr über war er neben der Schreinerei damit beschäftigt. In aller Frühe ist die ganze Familie aufgestanden, Großvater, Vater und Schwester, um mit der Sense das noch feuchte hohe Gras zu mähen.

Hofinger.
Vergiss nicht, dein Großvater und dein Vater sind darüber sehr alt geworden und auch deine Schwester erfreut sich noch bester Gesundheit. Ohne die Pflege der Wiesen hätten sie sich nicht so viel bewegt. Das hat beiden doch sehr gut getan. Davon könnten Städter doch nur träumen, wie die Alten hier die Hügel hochkraxeln.

Dritter Gast.
In diesem Punkt hat er schon recht.

Schweizer
(zu Hofinger).

Bedenke den Zeitaufwand. Die Bäume haben sie geschnitten und an Kursen teilgenommen, um das Neueste aus der Schweiz zum Obstbaumschnitt zu lernen. Die geschnittenen Äste hat die ganze Familie zu Krählen gebündelt, trocken gelagert und schließlich zum Backhäusle gefahren, damit es genügend Feuerholz fürs Brotbacken gab. Seit dieser Zeit machten mein Großvater und mein Vater Apfelsaft und Most für die Familie.

Manchmal ließen wir auch Obstler brennen.
Hofinger
(schmunzelt).
Vergiss nicht die Apfelringe und den eingemachten Apfelbrei, den deine Schwester macht.
Schweizer.
Ja richtig. Die Familie wurde gut versorgt und die Apfelmenge überstieg bei weitem den Eigenbedarf. Ein paar Apfelkisten konnten noch im Keller gelagert werden, aber wohin mit dem großen Rest? Der Rest wurde an diejenigen im Dorf verkauft, die keine eigenen Äpfel hatten und die pressten daraus Zuhause eigenen Saft und Most. Als Kaufmann Bühler seine Mosterei gebaut hatte, brachten die anderen Obstbauern, weil es weniger Zeit brauchte und günstig für sie war, ihre Äpfel zu Bühlers Mosterei zum Pressen. So nach und nach kam alles zu Bühler, die Apfelaufkäufe, die Sammelstelle, die Mosterei.

Hofinger.
Auch dein Vater hat bei Bühler pressen lassen. Schwingt da vielleicht noch etwas anderes mit?

Schweizer.
Nein. Ich will darauf hinaus, dass viel Zeit und Müh hinter den geernteten Äpfeln stehen und dass man dafür von Bühler seit Jahren keinen angemessenen Betrag erhält.

Hofinger.
Du bist doch aber kein Bauer, der das Geld braucht. Du machst das doch nur nebenher und hast einen angesehenen Beruf. Machst Du das für andere?

Schweizer.
Ja, das ist so. Ich komme finanziell klar, aber die meisten Apfelbauern ohne den Nebenerwerb nicht. Die brauchen die Zusatzeinnahmen und müssen das jedes Jahr mit einkalkulieren.

Hofinger.
Was wäre denn deiner Ansicht nach ein fairer Preis?

Schweizer.
Doppelt so viel, mindestens. Ich meine, wenn der Marktpreis in der Gegend dreifünfzig beträgt, müssten es mindestens sieben Mark sein. Falls der Preis Ende Oktober anziehen sollte und mal bei acht liegt, müssten man uns mindestens sechzehn Mark bezahlen.
Dritter Gast.
Das hört sich gut an.
Hofinger
(zu Schweizer).
Trinksch no oin?
Schweizer.
Ja gerne noch einen Most, weil wir beim Thema sind.
Hofinger gießt ihm ein Glas ein.
Schweizer
(prostet).
Darauf, dass der Apfelpreis künftig auf das doppelte steigt.
Hofinger.
Die Zeit, die du für die Inspektoren Sache aufwendest, kannst du doch für andere Erledigungen gebrauchen. Wenn du Zeit zu viel hast und etwas uneigennützig für

das Dorf tun willst, vielleicht machst du besser etwas anderes. Werde Spendenpfleger und verwalte das für die Armen gespendete Geld oder lass dich in den Dorfrat wählen.

Schweizer.
Nein, ich kann auch die alleinige Stellung von Bühler nicht akzeptieren, der uns jeden Preis diktiert. Das will ich durchbrechen.

Hofinger.
Ich verstehe jetzt, was du willst. Du willst einerseits die Tradition der Familie wahren und zusätzlich Gutes tun für die Apfelbauern des Dorfes und andererseits Bühlers Vorherrschaft brechen und ihn in die Knie zwingen!

Schweizer.
Etwas überspitzt zwar, aber im Kern trifft es die Sache.

(nimmt einen tiefen Schluck)
In Steinbach nehmen sie doch auch ungespritzte Äpfel an.

Schweizer.
Ja, das könnte unser einziger Ausweg sein, dass wir bei der Sammelstelle der Obstbauern in Steinbach die Äpfel abgeben. Dort nehmen sie diese, ich sage mal 1A-Ware an, doch die Leute müssten weit dorthin fahren, damit reduziert sich ihr Gewinn. Besser wäre die Sammelstelle bei uns im Ort.
Hofinger.
Wenn viele Leute diese nachweislich ungespritzten Äpfel abgeben wollen, vielleicht schwenkt Bühler dann doch noch um und erweitert hier seine Sammelstelle, dann wäre der Weg nicht so weit.
Schweizer.
Ich habe es zweimal versucht und es war vergebens.
Hofinger.
Dann fahr nach Steinbach und triff dich dort mit dem Zimmermann Sebastian Reichert. Der führt die dortigen Apfelbauern und lässt das inspizierte Obst von einem Großkaufmann abholen.

Dritter Gast
(bezahlt an der Theke).
Wer fährt schon so weit bis nach Steinbach?
Schweizer.
Wer den Preisaufschlag will und Zeit hat, der kann das schon machen, etwas mehr an Geld bleibt auf jeden Fall übrig.
(Gast geht ab. Hofinger und Schweizer sind jetzt allein.)
Schweizer.
Ja, ist natürlich von der Menge abhängig. Für zwei Apfelkisten fahren meine Schwester oder ich da nicht hin, aber mit einem großen Karren voll, sieht das schon anders aus, da würden wir das machen. Also ich fahre nach Steinbach und treffe mich dort mit dem Reichert. Wenn das nicht klappt, waren die Ausgaben für den Inspektor für die Katz, mein Projekt ist gestorben und die Apfelbauern müssen weiter ihre Äpfel bei Bühler abgeben und werden liederlich bezahlt.
(macht eine Pause)
Zahlen bitte.

Hofinger.
Laß sein, du bist eingeladen.
(Schweizer bedankt sich, nimmt seine Korbflasche und geht.)

Elfte Scene.

Gastwirtschaft in Steinbach.

(Schweizer trifft Sebastian Reichert, der die dortigen Apfelbauern organisiert und inspiziertes Obst an einen Großkaufmann abgibt. Schweizer geht auf einen Mann mit Zimmermannskleidung zu.)

Schweizer.
Reichert, Sebastian, der Zimmermann?
Reichert.
So wahr ich hier sitze und warte auf den Schweizer
Schweizer.
Schön, dich hier zu treffen. Ein gutes Stück Weg, der sich hoffentlich lohnt.
Reichert.
Ihr wollt euch uns anschließen, ist das richtig?

Schweizer.
Ja. Wir hatten vor kurzem einen Inspektor bei uns im Dorf, der uns bescheinigte, dass wir beste Apfelware haben ohne Insektizide. Kaufmann Bühler, der eine Sammelstelle und Mosterei im Dorf unterhält will uns dafür aber nicht mehr bezahlen. Wir haben also keine geeignete Sammelstelle und bekämen bei Bühler für unsere hervorragenden Äpfel keinen angemessenen Preis bezahlt. Das wollen wir nicht mitmachen und daher würden wir gerne bei euch in Steinbach abgeben.

Reichert.
Das können wir gerne machen, doch ihr müsstet die weite Strecke zu uns fahren. Ihr müsst selber abschätzen, ob sich das rechnet.

Schweizer.
Was bleibt uns anderes übrig. Wir müssen die Äpfel für den Transport sammeln und mit großen Wagen anliefern.

Reichert.
Wir sammeln die Äpfel bei uns nur und geben sie auch weiter ab an den Großkaufmann und Süßmoster in

Erdmannhausen. Ihr müsstet uns für die Annahme etwas bezahlen, für die Leute, die wir selbst für die Obstannahme anstellen müssen. Ihr erhaltet daher einen niedrigeren Preis als wir. Ich schätze mal, ihr kommt dann 13 Mark, statt 14.

Schweizer.

Da wir keine geeignete Sammelstelle im Dorf haben, bleibt uns nichts anderes übrig. Ich muss dann, da ich den Inspektor bezahlt habe, noch etwas abziehen und ganz umsonst will ich auch nicht arbeiten, weil ich in der Zeit die ich dafür aufwende nicht in der Schreinerei arbeiten kann. Die Apfelbauern bekommen dann 12 Mark, das ist dann immer noch mehr als dreimal so viel, wie bisher von Kaufmann Bühler.

Reichert.

Das stimmt, für deine Apfelbauern ist das eine sehr gute Sache, zumal sie keinen höheren Arbeitsaufwand haben und auch nichts dafür bezahlen. Sie können nur gewinnen. Der Bühler hat jahrelang gut an euch verdient, das muss man ihm lassen. Das soll kein Vorwurf an dich sein. Du hast die Situation ja erst vor kurzem mitbekommen und willst gegensteuern.

Schweizer.

Ja und die derzeitige Situation will ich beenden.

Reichert.

Na denn, an mir soll´s nicht scheitern, ich sage dir meine Unterstützung zu.

———

Zweiter Teil

(Apfelbauern mit Pferdewagen, Traktoren und Leiterwagen transportieren Äpfel durch die Straßen und fahren vom Marktplatz aus in verschiedene Richtungen.)

Erste Scene.

Sammelstelle Bühler.

(Apfelbauer Frieder Schorr fährt zur Sammelstelle von Bühler. Läutet. Es schaut seine Frau herunter.)

Schorr.
Wann nimmt Bühler diese Woche Äpfel an?

Frau Bühler
(am Fenster).
Wir nehmen diese Woche noch keine Äpfel an. Die Qualität ist einfach noch nicht gut genug, wir wollen kein wurmstichiges Fallobst. Vor Ende September werden wir nicht annehmen.

Schorr.
Dann bestellen Sie ihm, er kann mich mal. Wenn er meine frühen Äpfel nicht will, bekommt er meine späten, besseren Äpfel auch nicht!

(Schorr wendet sich wutschnaubend ab und geht.)

Zweite Scene.

Apfelbauer bei der Ernte.

(Apfelbauer Hans Maier liest auf einer Wiese Äpfel auf und stellt die vollen Eimer auf seinen Wagen. Apfelbauer Frieder Schorr fährt vorbei.)

Schorr.
Grüß Gott Hans. Für Lagerobst taugen deine Äpfel aber nicht. Das ist ja alles wurmstichig. Hast du zusätzlich auch halbreife Äpfel von den Bäumen heruntergeprügelt? Die wären zwar sauer, aber besser als Wurmäpfel.

Maier.
Nein, nur aufgelesen. Das bring ich alles dem Bühler, der hat keine besseren Äpfel verdient. Damit kann er sich seine Wurmbrühe machen und selber saufen.
Schorr.
Für die Abgabe der Äpfel gibt es jedes Jahr ein anderes Datum. Der Bühler nimmt noch gar nicht an! Der will kein frühes und wurmstichiges Obst. Du bist zu früh dran.
Maier.
Ja Gott verdamm mich, stimmt das denn? Dann lass ich die Äpfel noch ein Weilchen liegen. Durch die Bodenlagerung werden sie noch ein bisschen reifer. Ich misch sie dann vor der Abgabe mit späterem Obst gut durch. Er wird mich sicher nicht vom Hof scheuchen, er will ja unbedingt unser Obst haben, zum Billigpreis.

———

Dritte Scene.

Obstabgaben in Steinbach.

(Der Apfelbauer Grau fährt mit großem Wagen vorbei in Richtung Steinbach. Apfelbauer Maier steht am Wegesrand.)

Maier.

Grüß Gott, wo fährst du denn deine Äpfel hin?

Grau.

Ich fahr nach Steinbach. Der Bühler will doch keinen Aufschlag für ungespritzte Äpfel bezahlen. Ich habe gehört er zahlt dieses Jahr gerade mal dreifünfzig und in Steinbach bekomme ich dreimal so viel.

(er hält seinen Wagen an)

Im Übrigen werde ich bei Bühler mein frühes Obst gar nicht los, in Steinbach aber schon!

Maier.

Ja schon, aber du brauchst ja ganz schön lange für die Fahrt nach Steinbach. Bis du ankommst, sind deine Äpfel alle schon verfault.

Grau.
Ja du bist aber ein blödes Arschloch. Ich fahr halt gerne durch die Gegend und außerdem unterstütze ich den Schweizer. Der hat sich das nämlich alles ausgedacht.
(Er fährt mit Volldampf davon. In Steinbach angekommen steht er in einer langen Schlange und flucht.)
So eine Scheiße. Jetzt nach der langen Fahrt fehlt mir das gerade noch.
(Als er sein Geld bekommt ist er aber doch zufrieden.)
Endlich gutes Geld für gute Ware, ich komme wieder.

Vierte Scene.

Apfelbauer bei Sammelstelle Bühler.
(Apfelbauer Maier gibt Äpfel ab.)

Maier.
Viel Betrieb habt ihr aber nicht gerade.

Frau Bühler.
Ach iwo. Es ist noch recht früh im Jahr und die Ernte ist nicht besonders gut. Die Leute kommen schon peu a peu.
Maier.
Oder fahren die alle nach Steinbach?
Frau Bühler.
Unsinn. Wer fährt schon so weit, für die ein bis zwei Kisten? Der Mehrpreis geht doch drauf für die Fahrtkosten dorthin. Das lohnt nicht. Daher geben viele ihre Säcke und Kisten mit Äpfeln bei uns ab.
Maier.
Wenn´s nicht so weit wäre… vielleicht schau ich mir das in Steinbach auch mal an.
Frau Bühler.
 Sie sind doch ein guter Kunde, ich hoffe, sie bleiben uns erhalten! Hier ihr Geld.
Maier.
Wenn´s nur nicht so wenig wäre, das waren ja grad mal 3 Mark fünfzig für 100 kg! Schönen Tag noch.
(Maier fährt mit seinen drei leeren Kisten wieder davon.)

―――――

Fünfte Scene.

Schweizers Stube.

Schweizer
(zu seiner Schwester Anna-Maria).
Manche Beiershausener geben ihre Äpfel bei Bühler ab, weil sich der zeitaufwendige Transport nach Steinbach mit wenigen Kisten Obst nicht lohnt und es zu Bühler nicht weit ist. Eine längere Zwischenlagerung würden ihre Äpfel auch nicht überstehen, da sie jetzt schon Druckstellen, Faulstellen und Wurmstiche haben. Also ist die Sammelstelle bei Bühler, obwohl dieser nicht viel bezahlt, für sie das Richtige, für mich aber ein Verlust. Was sie nämlich dabei nicht bedenken ist, dass ein Inspektor ihre Bäume begutachtet hat und ich das bezahlen mußte. Der Bühler kauft die Äpfel billig und wirft dann gespritztes und mein zertifiziertes Obst einfach zusammen. Die anderen Apfelbauern mit größeren Mengen ab 700 kg tun sich zusammen, damit rechnet sich finanziell

der Transport nach Steinbach, zudem scheinen sie sich zu freuen, dass sie dem dominanten Bühler ein Schnippchen schlagen können.

Anna-Maria.
Und freut dich das?
Schweizer.
Ich weiß, das klingt verwerflich, aber irgendwie schon. Es freut mich vor allem, dass manche Apfelbauern den Sinn meiner Aktion verstehen und mich dabei unterstützen. Und nur, wenn sie in Steinbach Äpfel abgeben, bekomme ich meine Ausgaben wieder bezahlt.

———

Sechste Scene.

Kontor Bühler.

Bühler
(zu seiner Frau).
Wusste ich´s doch, die kleinen Apfelbauern kommen weiterhin angekrochen. Am fünften Oktober fünf

Bauern, am sechsten sieben Bauern, am achten neun Obstabgaben.
(nachdenklich)
Die diesjährige Ernte und Obstabgaben hätte aber ein bisschen besser ausfallen können, es plätscherte ein wenig zu langsam.
Frau Bühler.
Manche Apfelbauern haben sich zusammengetan und fuhren nach Steinbach, um dort abzugeben. So auch die Apfelbauern Schorr und Grau.
Bühler.
Ja so aber auch, ich dachte die hätten eine Missernte gehabt und seien deswegen nicht gekommen. Wie können die denn so treulos sein und den weiten Weg auf sich nehmen?
Frau Bühler.
Vielleicht, weil es sich rechnet oder aus Prinzip? Und manche kleinen Apfelbauern hast du vergrault! Ich habe mir sagen lassen, du hättest bereits zu einem früheren Zeitpunkt Obst annehmen sollen. Die Leute scheinen es dir zu

verübeln, dass du ihr frühes Obst nicht haben wolltest.
Bühler.
Ich will nur gute Ware und kein frühes Fallobst mit Würmern.
Frau Bühler.
Du müsstest es eben nach dem Pressen aufbewahren und später mit besserem Saft mischen.
Bühler.
Dem verdammten Schweizer habe ich es zu verdanken, dass ich weniger Äpfel erhalten habe. Mein niedrigerer Gewinn geht auf sein Konto. Und diese Einfaltspinsel von Bauern, die haben sich von ihm um den Finger wickeln lassen. Denen werde ich es zeigen, das werden sie bald sein lassen und die Steinbacher auch.

Siebente Scene.

Schweizers Stube.
(Michael Schweizer macht die Abrechnung und sortiert Quittungen.

Seine Schwester Anna-Maria stopft Socken.)

Schweizer
(spricht zu sich selbst).
Inspektor Kosten, die ich bezahle, mein Geld vom Erdmannhäuser Safthersteller für meine Arbeit, die acht Fahrten nach Steinbach zu Besprechungen, Fahrtzeit, die ich nicht in der Schreinerei arbeiten konnte, das macht, ... ich will es gar nicht genauer wissen ein großes fettes Minus.

Schweizer
(zu seiner Schwester).
Anna, das Geld reicht nicht, weil so viele kleine Apfelbauern bei Bühler abgegeben haben. Unser Budget ist leicht angekratzt, die Kosten sind nicht gedeckt und ich konnte viele Stunden nicht in der Schreinerei arbeiten.

Anna-Maria.
Ohne geeignete Obstsammelstelle bei uns im Dorf macht das keinen Sinn. Keiner zwingt dich zu dieser Arbeit, du musst das nicht tun. Wenn es im nächsten Jahr

wieder einen Verlust gibt, dann musst du es lassen. Du kannst die Kunden der Schreinerei auch nicht ständig vertrösten, sonst springen dir noch welche ab. Und auf die Einnahmen aus der Schreinerei kannst du wirklich nicht verzichten.

Schweizer.
Im Grunde hast du recht. Eine Sammelstelle für zertifiziertes Obst im Dorf ist notwendig, doch wer soll das machen, wenn nicht Kaufmann Bühler? Ich muss mir das in Ruhe überlegen.

―――――

Achte Scene.

Kontor Bühler.

Bühler
(alleine).
Den Gewinnausfall kann ich mir nicht leisten. Wehret den Anfängen, sonst wird es nächstes Jahr noch schlimmer!
(setzt sich an den Schreibtisch und verfasst einen Brief).

An den Bauernring Steinbach,
Zimmermann Sebastian Reichert,
Lieber Sebastian,
ich muss es leider klar und deutlich aussprechen. Ihr habt dieses Jahr nicht wie abgemacht gut in Steinbach gearbeitet. Lange Schlangen bei der Anlieferung der Äpfel waren der Normalzustand. Unsere Apfelbauern hatten die weite Anfahrt und mussten ewig lange bei der Abgabe warten. Organisatorisch müsst ihr noch einiges lernen. Die Obstannahmetage sind idiotisch und auch zu kurz. Und mitten in der Abgabesaison führt ihr plötzlich neue Zeiten ein und vergesst es mir und unseren Apfelbauern zu sagen. Und für diese Sammelstelle wollt ihr noch unser Geld als Abschlag abkassieren? Also für das nächste Jahr neuer Einsatz, mehr Geschick und einen niedrigeren Abschlag für Eure Apfelannahme an der Sammelstelle. Ich meine, ein Viertel des Betrages wäre gerechtfertigt.
Die Beiershausener Apfelbauern lassen grüßen

Hochachtungsvoll, durch Vertretung
Schreiner Schweizer
   (klebt den Briefumschlag zu).
So, das wird sitzen!

Neunte Scene.

Gerberstüble.

Schweizer
(stürmt in die Wirtschaft).
Hans, ich muss dir einen Brief von den Steinbacher vorlesen, der Reichert ist hochentrüstet und hat die Zusammenarbeit mit uns sofort aufgekündigt. Ich bin hingefahren und wollte mit ihm reden, er spricht nicht mal mehr mit mir und meint, die Beiershausener könnten ihm alle gestohlen bleiben. Was steckt dahinter, wer hat hier was gemacht?
        Hofinger.
Hier ein Most, trink mal erst einen Schluck.

Schweizer
(leert das Glas und liest).
Von Sebastian Reichert an Michael Schweizer.
Michael, ich habe erfahren, Ihr wart sehr unzufrieden mit unserer Sammelstelle. Das hättest Du mir ja auch bei einem Deiner Besuche schon mal früher sagen können. Die Schlange bei der Anlieferung war recht lang, doch hatten wir nicht mit dem Ansturm gerechnet. Wir sind einige engagierte Leute, die so gut sie können arbeiten. Der Betrag, den wir dafür nehmen, ist mehr als niedrig und wir verdienen kaum daran. Jetzt einen geringeren Preis zu fordern und in so unfreundlicher und überheblicher, frecher Art, ist völlig daneben. Ich wollte Dir entgegenkommen, doch Undank ist der Welt Lohn. Da mir das alles von vorne bis hinten nicht gefällt und bitter aufstößt, beende ich die Zusammenarbeit. Dein Verhalten ist nicht akzeptabel und wir möchten daher nichts mehr mit Dir zu tun haben. Diese Entscheidung ist

unumstößlich, weshalb wir keine Antwort erwarten oder wollen.
Hochachtungsvoll Bauernring Steinbach
gez. Sebastian Reichert

Hofinger.
Das ist doch die Höhe.

Schweizer.
Unverfrorenheit.

Erster Gast.
Hau den Lukas.

Schweizer.
Von wem will er was erfahren haben? Die Kritik kam schon vereinzelt auf, aber das war doch nur das übliche Gemaule von Einzelnen. Und jetzt einen niedrigeren Betrag? Ich habe doch gar nichts gesagt zum Reichert. Wie kommt der auf so etwas?

Hofinger.
Vermutlich hat man ihm die einzelnen Bemerkungen der Apfelbauern berichtet und vielleicht haben welche gemeint, dass man für die lange Wartezeit nicht auch noch bezahlen sollte.

Schweizer.
Die Leute sollten nicht immer so viel gedankenloses Zeug reden, sondern lieber mehr nachdenken und auch mal still sein. Wer viel redet, redet viel Stuss und macht viel kaputt.

Hofinger.
Gib nicht so schnell auf! Versuch den Beuernring-Reichert zu erreichen und das geradezurücken.

Schweizer
(zerreißt den Brief, knallt ein paar Münzen auf den Tresen).

I gang hoim.

Zweiter Gast.
Bühler redet über den Schweizer und sagt, der mache das nur des Geldes wegen.

Erster Gast.
Unsinn, der Schweizer macht das aus Überzeugung.

———

Zehnte Scene.

Gerberstüble.

Schweizer
(kommt mit Volldampf angelaufen).
Hallo Hans! Ich versuchte den Reichert in Steinbach nochmals zu sprechen, doch vergebens. Der Reichert und sein Bauernring machen nicht mehr mit. Ich weiß nicht, wer hinter alldem steckt und stochere im Nebel.

Hofinger.
Ist auch mir schleierhaft. Lasse uns nach hinten gehen.
(Hofinger geht voraus. Der Hund bellt.)
Ruhig Bella.
(Der Hund bleibt unter dem Tisch. Frau Hofinger übernimmt die Wirtschaft.)

Hofinger
(zu Schweizer).
Nochmal ganz in Ruhe, was hast du vor?

Schweizer.
Wenn die Steinbacher unser Obst nächste Saison nicht mehr annehmen, weil irgendjemand falsch über uns berichtet

hat, brauche ich jetzt dringend und schnell eine Alternative, sonst müssen alle Apfelbauern zum geizigen Bühler gehen und dort für schlechten Lohn ihre Äpfel abgeben.

Hofinger.

Ich will mal sagen, was nicht Wenige meinen. Die Begutachtung durch den Inspektor sei Unsinn, weil im Grunde alle Äpfel ungespritzt seien und das sei nur ein kurzes Strohfeuer. Du siehst, es gibt nicht nur Befürworter.

Schweizer.

Es stimmt nicht, dass kein Bauer mehr Apfelbäume spritzt und gesundes Obst liegt im Trend, ist also kein Strohfeuer. Könntest nicht du eine Sammelstelle für Äpfel aufbauen, für konventionelle und für ungespritzte? Du hast den Platz dazu und weil du den Laden hast, bist du immer vor Ort. Du könntest vorne an der Straße konventionelle Äpfel und hinten am Haus unbehandelte Äpfel annehmen.

Hofinger.

Ich habe mir das vor ein paar Jahren schon einmal überlegt und einen

Gutachter befragt. Das wäre viel zu teuer. Da muss ich lange arbeiten, bis ich die Kosten für den Inspektor wieder herein habe. Und bedenke den schwer verständlichen Papierkram. Ganz nebenbei, den Kaufmann Bühler mache ich mir damit auch nicht gerade zum Freund.

Schweizer.

Das hört sich nicht gut an, aber den Bühler lass mal außen vor. Was wolltest du denn begutachten lassen?

Hofinger.

Den Laden, die Brennerei und die neue Sammelstelle!

Schweizer.

Ach so, alles was du hast und die Sammelstelle obendrauf. Und welche Firma hast du angefragt?

Hofinger.

Firma Wurzbach aus Konstanz.

Schweizer.

Gibt es keine Nähere? Die sind schon bekannt, aber als Halsabschneider. Du brauchst aber doch gar nicht alles inspizieren lassen. Vielleicht wird es ja billiger, wenn du nur eine Sammelstelle begutachten lässt. Meine Gutachterfirma ist vielleicht auch günstiger und unkomplizierter. Ich könnte dir die Ludwigsburger wärmstens empfehlen. Lasse dir doch einfach mal die Unterlagen schicken.

Hofinger.
Gut, ich kann da ja mal anfragen.

Schweizer.
Das können wir gleich erledigen. Ich schreib dir das auf.

Sehr geehrte Herren,
die Beiershausener Apfelbauern beabsichtigen eine örtliche Obst-Sammelstelle für zertifiziertes Obst einzurichten. Was würde es kosten eine neu einzurichtende Sammelstelle neben dem Gerberstüble in Beiershausen zu zertifizieren? In der kommenden Woche wäre es gut möglich und Sie könnten mich von Montag bis Freitag von 6 bis 8 Uhr vor Ort erreichen. Eine vorherige Anmeldung ist nicht notwendig.
Hochachtungsvoll
Gastwirt Hofinger.

Hofinger.
Michael, vielen Dank. Was natürlich notwendig ist, dass ich einen Abnehmer für die ungespritzten Äpfel gewinnen kann. Sonst nutzt der beste Nachweis nichts. Ich werde in der weiteren Umgebung versuchen einen Großabnehmer zu finden. Komm doch mal in einer Woche wieder vorbei, dann sehen wir weiter!

Elfte Scene.

Gerberstüble.
(Einige Tage später, Schweizer wieder bei Hofinger im Gerberstüble.)

Hofinger.
Willst du einen Most?
Schweizer.
Was denn sonst, ich will doch kein Bier.
Hofinger.
Hier, wohl bekommts.
Schweizer.
Prost!

Erster Gast.
Zum Wohl sein.
Hofinger
(zu Schweizer).
Es hat alles geklappt. Ich habe mich als Sammelstelle zertifizieren lassen. Ich nehme jetzt ungespritztes Obst, getrennt von gespritztem Obst an. Es war gar nicht so teuer. Ein Kaufmann in Erdmannhausen wird meine gesammelten Äpfel getrennt nach gespritzt und ungespritzt abnehmen und uns gut bezahlen. Entweder muss ich die Äpfel selbst hinfahren oder er wird sie abholen. Ich muss das noch klären.
Jetzt müssten wir die Details für die Abgabe besprechen.
Schweizer.
Das können wir anders machen. Ich schreib dir alles auf und bring es vorbei.
Hofinger.
Auch gut, vielen Dank.
Hofinger
(zu Gästen).
Ich habe jetzt eine Apfelsammelstelle, ab diesem Jahr. Künftig alles Obst nur noch

zu mir bringen, das mehrt euren
Wohlstand.
Zweiter Gast.
Bühler hat das auch schon mitbekommen
und sagt, der macht das nur fürs Geld.
Erster Gast.
Unsinn, der macht das, um dem
Schweizer und unserem Dorf zu helfen.
Prost auf gute Äpfel, die mehr Geld
bringen.
Zweiter Gast.
Ich trinke jetzt auf dem Bühler sein
dummes Gesicht.

Zwölfte Scene.

Kontor Bühler.

Frau Bühler.
Jacob, du glaubst nicht, wen ich heute im
Dorfladen getroffen habe und zwar an der
Kasse. Die Schwester von Michael
Schweizer. Die arbeitet da ehrenamtlich.

Bühler.
Wie blöd muss man denn sein umsonst zu arbeiten. Dann könnte sie genauso gut für mich arbeiten und bekäme zumindest ein paar Mark.
Frau Bühler.
Warum nicht. Die Schweizers und Kurtzens scheinen ja kein zusätzliches Geld zu benötigen.
(macht eine kurze Pause)
Sie hat mir erzählt, dass ihr Bruder, der Michael Schweizer, jetzt den Hofinger begutachten lässt, damit der eine Sammelstelle betreiben kann.
Bühler.
Ich weiß das schon, hab meine Zuträger. Ich mag den Schweizer nicht. Er nimmt uns einige unserer Kunden weg, mit seiner Begutachtung durch einen Inspektor, denn sind die Apfelbäume ungespritzt und begutachtet worden, geben die Leute ihre Äpfel in Steinbach oder beim Hofinger ab, dann kommen sie nicht mehr zu uns in den Laden zum Einzukaufen. Hofinger und Schweizer machen das nur fürs Geld. Es ist ein

Kreuz! Wenn die Leute keine Äpfel abgeben, bekommen sie keine Saftgutscheine. Ohne Saftgutscheine bleiben sie fort und damit verlieren wir die ganzen Zusatzverkäufe. Wenn die Leute die Saftgutscheine einlösten, kauften sie sich immer noch etwas anderes, weil sie schon einmal im Laden waren. Sie kauften sich vor Festtagen noch Bier und Wein. Im Prinzip habe ich die Leute mit den Saftgutscheinen doch gut angelockt und an meinen Laden gebunden. Jetzt bleiben sie zum Teil weg und alles wegen dem Schweizer. Ich hoffe, er ist nicht mein Untergang. Ich sollte ihm einen Denkzettel verpassen. Vielleicht wäre es gut, Unruhe in sein Haus zu bringen, damit er keine Zeit mehr für sein Apfelprojekt hat und das aufgibt.
Frau Bühler.
Und wie willst du das erreichen?
Bühler.
Vielleicht sollte ich ihm seine Schwester abwerben, dass sie bei mir arbeitet.
Frau Bühler.
Du bist doch sein Kontrahent.

Bühler.
Genau deswegen. Ich glaube das könnte ich schaffen und dann hängt bei dem Schweizer der Haussegen schief und ich schaffe es, dass er von dem Apfelprojekt ablässt, weil seine Schwester bei mir arbeitet.

Frau Bühler.
Tu was du meinst tun zu müssen, um unseren Betrieb zu schützen, aber untersteh dich, mit der Kurtz anzubandeln.

Bühler.
Ich werde ihr morgen einen Besuch abstatten im Dorfladen.

Dreizehnte Scene.

Dorfladen.

Bühler.
Grüß Gott, sind sie nicht die Schwester vom Schweizer?

Anna-Maria Kurtz.
Ja gewiss doch, ich glaube sie auch zu kennen. Sind sie nicht aktiv im Kirchenchor?
Bühler.
Sie müssen sich täuschen, mit dem „Verein" habe ich nichts am Hut, bin schon lange ausgetreten, um mir die Abgaben zu sparen.
Anna-Maria.
Das bedaure ich und ich hätte gedacht, sie schon ein paar Mal in der Kirche gesehen zu haben. Naja, vielleicht haben sie einen christlichen Doppelgänger. Wie kann ich ihnen helfen?
Bühler.
Meine Frau, eine gute Kundin von Ihnen, hat von ihnen geschwärmt, wie gut sie es mit den Leuten könnten und mit welchem Einfühlungsvermögen sie auf die Leute zugingen und sie beraten würden. Sicher machen sie damit gute Umsätze. Nur schade eigentlich, dass sie für ihre hervorragenden Leistungen nichts erhalten. Nicht wahr, es ist doch so, dass im Dorfladen umsonst gearbeitet wird?

Anna-Maria.
Das ist wahr, die Umsätze sind recht ordentlich und es stimmt schon, wir arbeiten hier alle ehrenamtlich, also umsonst, für eine gute Sache. Ohne uns gäbe es keinen Laden mehr. Wir erhalten von den Leuten eine große Wertschätzung, eine andere Art von Lohn
Bühler.
Wer gut arbeitet, sollte auch einen guten Lohn in Form von Geld erhalten. Wie lange arbeiten sie denn schon hier?
Anna-Maria.
Schon etwas länger.
Bühler.
Also, wenn ich jemanden wie sie gewinnen könnte, würde ich mich glücklich schätzen. Es mag für sie vielleicht finanziell nicht notwendig zu sein, doch vielleicht möchten sie etwas selbständiger neben ihrem Bruder stehen.
Anna-Maria.
Wie meinen sie das?
Bühler.
Sie könnten sich ja etwas hinzuverdienen und sich ein paar zusätzliche Wünsche

erfüllen. Geld stinkt nicht und wer genügend hat, braucht sich keine Vorwürfe zu machen, es auszugeben.

Anna-Maria.
Sie sind schon sehr direkt dafür, dass wir uns nicht kennen, aber vielleicht haben sie ein wenig recht mit der Unabhängigkeit und der Selbständigkeit.

Bühler.
Ich frage ganz direkt. Haben sie nicht Lust für meine Sammelstelle zu arbeiten, dann lernen sie auch einmal etwas Neues kennen?!

Anna-Maria.
Ich weiß nicht so recht.

Bühler.
Wenn sie für mich arbeiten, bekommen sie einen guten Lohn, mehr als den üblichen Urlaub bezahlt und obendrauf ein Sparbuch mit monatlichen Zahlungen für die Altersvorsorge. Alle meine Produkte bekommen sie von mir zusätzlich um ein Viertel günstiger. Was gibt es da noch zu überlegen?
Ihr Bruder wird sich freuen, dass sie bei einer Sammelstelle und einem

Safthersteller arbeiten. Die Begutachtung der Apfelbäume sind doch sein Hobby und jetzt ihre Tätigkeit bei mir, das passt sehr gut zusammen.

Bühler
(legt ihr einen Vertrag vor).
Ich habe zufällig einen Vertrag bei mir.

Anna-Maria.
Wo steht das Einkommen?

Bühler.
Das schreibe ich hier in die Lücke. Und was habe ich Ihnen gesagt, das ist doch ordentlich!

Anna-Maria.
Ich kann nicht klagen. Wo stehen die 2 Jahre?

Bühler.
Hier notiert.

Anna-Maria.
Bevor ich unterschreibe, wann würde ich bei Ihnen anfangen?

Bühler.
Sie könnten morgen beginnen.

Anna-Maria.
Das ist zu kurzfristig. Ich muss mit dem Dorfladen den Ersatz für mich

besprechen. Frühestens Montag und eine
Bedingung. Alle zwei Wochen an den
Samstagen will ich in diesem Dorfladen
weiterhin ehrenamtlich arbeiten.
Bühler.
Wenn`s nur das ist, ihre Freizeit gehört
ihnen.
Anna-Maria.
Gut, dann unterschreibe ich.
Auf dem Heimweg begegnet Bühler
seiner Frau.
Frau Bühler.
Und kriegstes gebacken?

Vierzehnte Scene.

Schweizers Stube.

Anna-Maria
(zu ihrem Bruder).
Bruderherz, in der nächsten Zeit werde
ich etwas hinzuverdienen und nur noch an
ein paar Samstagen im Dorfladen
arbeiten.

Schweizer.
Wieso hinzuverdienen? Wir hatten doch eine Arbeitsteilung. Ich die Schreinerei und mein Apfelprojekt und du den Haushalt und den Dorfladen. Ich dachte dir sei das so wichtig.
Anna-Maria.
Ist es auch und mache ich auch weiterhin, aber seltener. Ich habe auch Wünsche und Bedürfnisse, die ich hintenangestellt habe und jetzt unverhofft die Möglichkeit bekommen etwas hinzuzuverdienen. Ich kann jetzt bei einer Sammelstelle und einem Safthersteller arbeiten.
Schweizer.
Was soll das? Bei wem denn in Gottes Namen?
Anna-Maria.
Heute kam ein Kunde, nein besser gesagt ein Besucher in den Dorfladen. Ich meinte ihn schon öfters gesehen zu haben, hatte mich aber getäuscht. Er kam wohl vorbei, weil seine Frau, die regelmäßig bei uns einkauft, ihm von mir berichtet hatte.

Schweizer.
Jetzt rede nicht um den heißen Brei herum! Wo willst du arbeiten?
Anna-Maria.
Also der Besucher war Bühler.
Schweizer.
Anna, ich glaub es nicht, unterstehe dich!
Anna-Maria.
Lasse mich erklären. Herr Bühler hat mir aus dem Herzen gesprochen. Für meine Selbständigkeit ist ein eigenes Einkommen doch gut, so kann ich mir ohne Bedenken auch selbst einmal was gönnen. Er hat mir einen befristeten Vertrag angeboten, mit allen möglichen Extras und mir gesagt, wie gut mein Talent sei und das gehöre doch honoriert.
Schweizer.
Wie kannst du nur? Bühler ist nicht mein Freund! Er unterstützt mich nicht bei meinem Apfelprojekt. Außerdem halte ich ihn nicht für redlich. Ich habe den Eindruck, er redet hinter meinem Rücken schlecht über mich und mein Projekt.

Anna-Maria.
Deine Menschenkenntnis kann dich auch täuschen. Vom Kirchenaustritt abgesehen macht er einen anständigen Eindruck. Außerdem ist es verständlich, dass Bühler dein Projekt nur unterstützt, wenn es sich für ihn rechnet. Im Gegensatz zu dir muss er für seinen Betrieb wirtschaftlich denken, so wie du es bei der Schreinerei auch tun solltest. Sein Betrieb ist für ihn, anders als bei dir, keine Nebensache. Offensichtlich ist es unwirtschaftlich bei dir einzusteigen und dein Projekt nur von kurzer Dauer!

Schweizer.
Unverschämtheit. Das muss ich mir nicht länger anhören. Du beginnst auf keinen Fall bei Bühler zu arbeiten.

Anna-Maria.
Ich habe schon längst unterschrieben. Außerdem kann ich machen, was ich will.

Schweizer.
Anna mach das sofort rückgängig, sag du hättest es dir anders überlegt.

Anna-Maria.
Das werde ich nicht tun.

Schweizer.
Ich warne dich, treib es nicht auf die Spitze.
   (verlässt wutschnaubend die Stube).
Anna-Maria.
Montag fang ich an!

Fünfzehnte Scene.

Gerberstüble.
(Im darauffolgenden Jahr.)

Schweizer
(zu Hofinger).
Meine Schwester hat im Herbst und im neuen Jahr einige Zeit bei Bühler gearbeitet. Ich konnte sie nicht davon abhalten. Du kannst ahnen, wie schwer das für mich war. Sie wollte aber selbständiger werden, vielleicht, weil sie sich im Leben mehr behaupten will.
Hofinger.
Ja das weiß ich. Entschuldige bitte, aber da war sie nicht bei Sinnen!

Schweizer.
Ja das ist wahr. Jetzt weiß ich immerhin, wer bei Bühler alles einkauft und seine Äpfel abgibt. Wie dumm konnte Bühler denn nur sein, meine Schwester einzustellen. Wenn der wüsste!

Hofinger.
Das ist kein Geheimwissen. Ich weiß auch so, wer dort einkauft und Äpfel abgibt. Wenn ich es noch genauer wissen wollte, bräuchte ich mich dort nur ein paar Tage auf die Bank setzten. Geht sie noch jeden Tag zu Bühler?

Schweizer.
Nein jetzt nicht mehr. Vor zwei Wochen hat sie sich den Fuß verknackst, als sie beim Schleppen von Weinkisten stolperte. Jetzt liegt sie noch darnieder oder humpelt durchs Haus.

Hofinger.
Das ist keine Arbeit für eine Frau. Sag ihr gute Besserung. Lasse uns aber jetzt über das Projekt sprechen. Meine Sammelstelle läuft gut. Zurzeit geben doppelt so viel Leute ungespritzte Äpfel ab, wie konventionelle. Jeden Tag bekomme ich

einen Container voll, mit etwa 4 Tonnen. Die Äpfel werden am Abend immer gleich zum Abnehmer der Firma nach Erdmannhausen transportiert. Ich werde jetzt 6 Tage die Woche Äpfel annehmen.

Schweizer.

Vier Tonnen pro Tag? Das ist enorm. Bei Bühler kommen die Leute nur noch mit kleinen Kisten an, das lohnt sich für den überhaupt nicht mehr.

Hofinger.

Bis zum Saisonende werden wir sicher 300 Tonnen Äpfel bekommen.

Schweizer.

Bühler hat im Übrigen meiner Schwester gekündigt und ihr vorgeworfen, sie habe mit mir zusammen einen Apfelbetrieb gegründet und das sei schädlich für ihn. Zusätzlich hat er damit gedroht, uns zu verklagen. Anna-Maria vermutet, er hat nur wegen ihrer Krankheit einen Grund gesucht, um sie billig loszuwerden und nicht mehr bezahlen zu müssen.

Hofinger.

So ein Schuft.

Schweizer.
Zumal er Anna-Maria unter Vertrag genommen hat, als er bereits wusste, dass ich dieses Projekt betreibe und sie im gleichen Haushalt lebt. Vielleicht hat er eine andere Rechnung aufgemacht und die ist nicht aufgegangen oder er hat sich irgendwelche Hoffnungen gemacht, wer weiß?

Hofinger.
Bühler ist ein Streithammel, der verklagte Gott und die Welt. Der hat immer mehrere Verfahren gleichzeitig laufen. Ich hatte auch schon einmal das Vergnügen. Als ich ihm meine Fässer geliefert habe, bin ich mit dem Wagen in seiner Halle an einen Stapel mit Flaschen herangefahren. Das hätte man irgendwie vernünftig regeln können, doch Bühler klagt ja gleich. Seitdem mache ich keine Geschäfte mehr mit ihm. Nimm dich in Acht vor ihm.

Schweizer.
Es ist bereits zu spät. Meine Schwester und ich mussten sofort beim Amtsgericht erklären, dass sie mit dem Projekt nichts

zu tun hat. Schau, den Brief hat mir das
Gericht geschickt.
Hofinger
(liest und schüttelt den Kopf).
Man hat doch nur Ärger mit dem Bühler.

Sechzehnte Scene.

Kontor Bühler.

Bühler
(zu seiner Frau).
Der Schweizer wird allmählich lästig. Es
wird kaum noch Obst bei uns abgegeben.
Frau Bühler.
Vielleicht musst du dir eine weitere
Einnahmequelle verschaffen.
Bühler.
Richtig. Was hältst du von einer
Verkaufsaktion zu Saft aus unserer
Heimat? Mit Äpfeln aus Beiershausen.
Frau Bühler.
Ja aber du hast doch nur wenig Äpfel von
hier, das reicht nicht, du kaufst doch jetzt
viele aus der Gegend von Konstanz und

dann noch aus Breslau. Du kannst doch den Saft nicht nach Beiershausen benennen.

Bühler.

Das sehe ich nicht so eng! Wenn ich sage mit Obst aus Beiershausen, dann kann das von 100 Äpfeln einer von hier sein und es ist nicht gelogen. Heißa ich finde das ist eine gute Idee. Um die paar Äpfel zu bekommen zahle ich einfach mehr als Hofinger. Die übrigen Äpfel kaufe ich mir billig in Breslau und mische die Äpfel aus Beiershausen darunter.

Frau Bühler.

Wenn das mal gut geht!

Bühler.

Das wird schon und die Leute merken sowieso keinen Unterschied. Hauptsache trüber Saft und angenehm süß. Apropos süß. Wenn ich nicht 2 Teile süßen Saft vom Bodensee hinzukippe ist unser Saft nicht verkäuflich. Die Leute wollen nicht den sauren, unverschnittenen Saft aus Beiershausen kaufen.

Frau Bühler.
Ja, du hast es aber auch noch nicht versucht, reinen unvermischten Saft herzustellen und zu verkaufen!
Bühler.
Das sagt mir eben mein Verstand, dass das nicht geht. Auf die Bauchlandung kann ich verzichten. Der reine Steinbacher Apfelsaft von den dortigen Apfelbauern ist doch auch ein Ladenhüter. Den Rest mussten sie nach 2 Jahren in den Rinnstein kippen.
Das Volk will Unmögliches. Unseren heimischen Saft haben wollen, aber sauer darf er nicht sein. Das widerspricht sich.

―――――

Siebzehnte Scene.

Sammelstelle Bühler.
(Bühler geht zu Frau an der Waage.)

Bühler.
Die Anna Kurtz musste ich leider entlassen, wegen Unstimmigkeiten. Das soll ihnen eine Warnung sein. Wenn sie

dem Schweizer und der Kurtz begegnen, wechseln sie besser die Seite des Weges.

Frau.

Ich habe zu denen keinen Kontakt.

Bühler.

Die Zahlen der Apfelabgaben sind ja ziemlich niedrig. Ich habe nicht einmal einen Wagen voll bekommen. Was sagen denn Sie dazu?

Frau.

Was soll ich schon sagen, ich mach doch nur die Annahme der Äpfel!

Bühler.

Keine Angst, halten sie mit ihrer Meinung nicht hinter dem Berg, frei von der Leber weg!

Frau.

Bei Hofinger wird einfach mehr bezahlt. Das scheint der Hauptgrund zu sein.

Bühler.

Dann schauen sie bei Hofingers Sammelstelle nach dem aktuellen Preis und wir zahlen einen höheren Preis. Wir wollen ja mehr Obst bekommen. Wenn hier nichts mehr läuft, dann kann ich sie nicht mehr bezahlen und das wollen sie doch wohl nicht oder?

Frau.

Wenn's denn unbedingt sein muß, kann ich das tun. Es ist ja letztlich nicht anders als bei uns. Alleweil kommt jemand vorbei und fragt nach dem Preis.

Bühler.

Ach ja, wirklich? Warten sie, ich lege jetzt einfach einen höheren Preis fest.

(beschreibt eine Anschlagtafel)

Damit sich ihre Arbeit gelohnt hat, kaufen wir ihre ungespritzten Äpfel und bezahlen Ihnen dafür 20 Mark für 100 kg.

Frau.

Da machen sie aber keinen Gewinn mehr, oder?

Bühler.

Das können sie doch gar nicht beurteilen, was wissen sie schon?

Frau.

Ich mach mich dann auf den Weg, zur Anschlagtafel. Mal sehen ob es was hilft.

(Bühler bringt ein gleiches Schild an seiner Sammelstelle an.)

Achtzehnte Scene.

Vor dem Haus von Schweizer.

Hofinger
(zu Schweizer).
Der Bühler bezahlt für Äpfel ohne Zertifikat 2o Mark, das ist mehr als wir bezahlen können für zertifizierte Äpfel. Der macht doch damit ein großes Minusgeschäft, das holt der nie wieder herein. Kein Mensch kauft ihm das Obst mehr zu diesem Preis ab. Und falls er selbst Saft daraus macht, wird der viel zu teuer durch den hohen Einkaufspreis!

Schweizer.
Ich verstehe. Der berechnet seine Ausgaben nicht und betreibt dieses unwirtschaftliche Geschäft nur, um uns die Leute abspenstig zu machen. Unsere Apfelbauern gehen dahin, wo sie das meiste Geld bekommen, also zu Bühler und geben ihre Äpfel bei ihm ab.

Hofinger.
Was sollen wir machen?

Schweizer.
Da er – unser - Zertifikat nicht hat, kauft er konventionell ein, natürlich völlig übertreuert. Das kann er machen - er könnte auch 30 Mark bezahlen oder mehr – aber er kann nachher nicht teurer weiterverkaufen. Er hat ja gar keinen Nachweis, nicht unser Zertifikat für unsere Apfelbauern und deren Äpfel. Kann also die höheren Kosten beim Verkauf gar nicht weitergeben.

Hofinger.
Ja, du hast recht, er kann die Äpfel nur als einfaches Obst verkaufen oder einfachen Saft machen und die höheren Kosten nicht weiterreichen beim Verkauf.

Schweizer.
Richtig. Das ist ihm aber völlig egal, er zahlt jetzt drauf, will uns die Leute abziehen und hat den Verlust dazu einkalkuliert. Wenn wir dann auch Verlust machen und unser Projekt aufgeben, ist er wieder alleine am Markt, das will er und dann bezahlt er wieder weniger.

Hofinger.
Verstehe, der ist schlau und denkt langfristig.
Schweizer.
Ein ganz gerissener Hund.
Hofinger.
Ich musste doch den Inspektor bezahlen und dafür muss jetzt auch Obst kommen. Die Leute können uns doch jetzt nicht einfach davonlaufen.
Schweizer.
Nein. Keine Panik. Wir können alle unsere Apfelbauern informieren. Wir informieren per Anschlag und Inserat, dass die Apfelbauern die wir zertifiziert haben ihre ungespritzten Äpfel nicht bei Bühler abgeben dürfen, weil er nicht am Projekt beteiligt ist, sondern nur bei unserer Sammelstelle. Nur wenn sie über ein eigenes Zertifikat verfügen, wäre das möglich.
Hofinger.
Gute Idee, aber was das alles wieder kostet, an Zeit und Geld!
Schweizer.
Geht nicht anders, wir müssen reagieren.

(schreibt einen Text für den Aushang und übergibt diesen an Hofinger).
Hier der Text für den Aushang.

―――――

Neunzehnte Scene.

Aushangplatz in Beiershausen.
(Mehrere Personen betrachten die Anschlagtafel.)
Ein Apfelbauer liest vor.
An die Beiershauscner Apfelbauern.
Um Missverständnisse zu vermeiden.
Kaufmann Bühler kann unsere ungespritzten Äpfel nicht annehmen, weil er bei unserem Projekt nicht mitmacht und kein Zertifikat hat. Ihr könnt daher nicht bei ihm abgeben, sondern gebt bitte bei der Sammelstelle Hofinger ab.
Bühler will mehr bezahlen. Das ist nur vorübergehende Preistreiberei, um uns zu ruinieren und danach wieder Alleinbetreiber zu sein. Wir fallen darauf nicht herein!
Hofinger & Schweizer

―――――

Zwanzigste Scene.

Kontor Bühler.

Bühler
(zu seiner Frau).
Frechheit, jetzt hat der Schweizer seinen Apfelbauern gesagt, sie könnten bei mir nicht abgeben.

Frau Bühler.
Du hast doch gesagt, du bräuchtest für deinen Saft nicht so viele Äpfel von hier. Das was hier abgegeben wurde wird dafür doch wohl reichen.

Bühler.
Stimmt nicht. Das Wenige was abgegeben wurde habe ich letzte Woche verkauft, sonst wäre es verdorben. Diese Woche wurde nichts abgegeben. Ich habe keine Äpfel mehr aus Beiershausen!

(Es klopft an der Tür)

Fuhrmann
(ruft).
Obst vom Bodensee und Breslau!

Bühler.
Wunderbar, die auswärts gekauften Äpfel werden geliefert, das wird ein Fest, ich wollte sagen, das wird ein Apfelsaft! Wenn ich jetzt diesen Apfelsaft auch nicht mit regionalen Äpfeln mischen kann, wird das trotzdem keiner merken.
Frau Bühler.
Wer weiß!
Bühler.
Immerhin habe ich ja den Saft hier in Beiershausen hergestellt. Das ist doch schon mal was. Ein anderes Mal kann ich wieder Äpfel von hier hinzumischen.
Frau Bühler.
Ich will nur einwenden …
Bühler.
Lasse mich. Frau denk daran, wir müssen noch die Kosten der letzten verlorenen Klage wegen der Ölverunreinigung unserer Äpfel gegenfinanzieren. Versuch bloß nicht, mich von meinen Vorhaben abzubringen.

———

Einundzwanzigste Scene.

Marktplatz.
(Bühler steht an seinem Marktstand.)

Bühler.
Apfelsaft aus Beiershausener Äpfeln. Kommt und kauft solange es was zu kaufen gibt. Der Saft ist limitiert, schlagt zu. Naturtrüber Direktsaft aus Äpfeln von hier 100% aus unserer Heimat.

Kontrolleur.
Ich bin von der Markt-Kontrollstelle und bitte um 2 Flaschen, die werde ich untersuchen lassen. Wo Beiershausen draufsteht, muß noch lange nicht Beiershausen drin sein.

Bühler.
Bei mir gibt es nichts zu beanstanden. Gerne gebe ich ihnen zwei Flaschen. Geschenkt aber nicht, die müssen sie schon bezahlen.

Kontrolleur.
Wieso bezahlen, bei einer Untersuchung? Entweder sie geben mir jetzt kostenlos

zwei Flaschen mit oder ich werde ihren Stand sofort schließen!

Bühler.
Sie ziehen einem noch das letzte Hemd aus.

———

Zweiundzwanzigste Scene.

Kontor Bühler.

Frau Bühler.
Ein Brief vom Gericht, das will mir nicht gefallen.

Bühler.
Ließ vor. Soll ich mich setzten?

Frau Bühler.
Setzten aber vorher gleich noch warm anziehen!

Bühler.
Im Ernst?

Frau Bühler.
Schon. Die genaue Untersuchung Ihres Beiershausener Regionalsaftes hat ergeben, dass er Zusatzstoffe enthält, die es nur in angrenzenden Gegenden gibt.

Wir werden in zwei Wochen zur Prüfung ihrer Bücher vorbeikommen.

Bühler.

Das hört sich nicht gut an, aber da werde ich ja noch etwas Zeit haben, um die Bücher zu pflegen. Steht da noch etwas?

Frau Bühler.

Ihr Saft hat Fragen aufgeworfen, die vom Gesundheitsamt geprüft werden sollen. Wir fordern Sie daher auf, ab sofort, bis zur Klärung des Sachverhaltes, den Saft nicht mehr zu verkaufen, weil möglicherweise eine Täuschung vorliegt.

Bühler.

Gib mir einen Schnaps. Ich geh ins Bett, vielleicht fällt mir im Traum was ein.

(Am anderen Morgen um 6.00 Uhr wird laut an die Haustür geklopft.)

Beamter.

Aufmachen. Hier sind Vertreter der Gerichtsbarkeit, wir fordern Einlass.

Bühler

(zu sseiner Frau noch ganz schlaftrunken).

Sagtest du nicht in zwei Wochen.

Frau Bühler.
Das war wohl eine Täuschung.
Bühler.
Gompfidorisiech.
(Frau Bühler öffnet die Haustür. Die Beamten packen Bücher und Papiere in Kisten ein und verlassen damit das Haus.)

Dreiundzwanzigste Scene.

Gerberstüble.

Schweizer
(zu Hofinger und Gästen).
Ich habe was zu berichten. Vor kurzem wurden Bühlers Kaufmannsbücher beschlagnahmt. Jetzt wurde der Bühler zu hoher Geldstrafe verurteilt und den Saft darf er so nicht mehr verkaufen. Es wurde ihm nachgewiesen, dass er seine Äpfel von weiter her gekauft hat und keine Äpfel aus Beiershausen oder Umgebung mitverarbeitet wurden.

Erster Gast.
Dieser Saukerl. Das geschieht im recht.
Hofinger.
Und uns kann es auch recht sein.
Vielleicht ein Querschläger weniger.
Schweizer.
Vielleicht wird er sich bessern?
Zweiter Gast.
So einer nimmer mehr.
Hofinger.
Der ist ein Stehaufmännchen.

———

Vierundzwanzigste Scene.

Kontor Bühler.

Bühler.
Dumm gelaufen, mit der Saftaktion.
Frau Bühler.
Du kannst von Glück sagen. Du bist gerade nochmal ums Gefängnis herumgekommen.
Bühler.
Lasse, ich muss nachdenken. Wenn es ohne heimisches Obst nicht geht, muss

ich es mir irgendwie beschaffen. Ich hab`s. Ich werde nächstes Jahr eine zweite Sammelstelle für zertifiziertes Obst aufbauen.

Frau Bühler.
Das wollte der Schweizer doch früher, dass du das machst.

Bühler.
Ja, aber nicht zu meinen Spielregeln. Ich mach das am besten nicht unter meinem Namen, ich nehme einen Unternehmer vom Bodensee hinzu. Der ist groß und hat viel Geld, da können wir uns die Kosten teilen. Soll die Sammelstelle doch unter seinem Namen laufen, ich trete erst gar nicht in Erscheinung und wir teilen uns dann die abgegebene Menge an Äpfeln. So machen wir das - und - und - was mache ich bis dahin?

Frau Bühler.
Was geht dir durch den Kopf?

Bühler.
Das muss dich nicht belasten.

———

Fünfundzwanzigste Scene.

Linde.

(Bühler wartet unter der Linde. Ein junger Mann kommt an und schlendert zu Bühler.)

Bühler.
Hier gibt es nichts zu holen, außer Lindenblüten für Tee.
Mann.
Ein Apfelkorb wäre mir lieber.
Bühler.
Das war das Zeichen. Kommen wir zur Sache. Bei meinem Betrieb stehen zwei Kisten mit gespritztem Tafelobst. Die Griffe der Kisten sind grün angestrichen. Stell die zwei Kisten zu den Kisten bei Hofingers Sammelstelle und zwar zu dem Stapel neben dem Traktor. Hofinger hat noch einen weiteren Stapel neben der Hofeinfahrt. Vertausche von seinen zwei Stapeln weitere vier Kisten.
Gib mir die Hand.
(Junger Mann schlägt ein und Bühler übergibt ihm den Lohn.)

Bühler.
Hier haste zwanzig Mark und eine Flasche schottischen Whiskey. Auf gutes Gelingen.

———

Sechsundzwanzigste Scene.

Sammelstelle Hofinger.
(In einer Nacht- und Nebelaktion werden in Beiershausen bei der Sammelstelle von Hofinger Apfelkisten vertauscht und weitere mit gespritztem Tafelobst zu ungespritztem Mostobst hinzugestellt.)

———

Dritter Teil

Erste Scene.

Inspektion der Sammelstelle Hofinger.

(Es wird Tag, der Abtransport der vollen Apfelkisten wird vorbereitet, ein Inspektor steht dabei.)

Inspektor.
Herr Hofinger.
Hofinger.
Ja, bitte.
Inspektor.
Ich mache heute eine unangekündigte Stichprobe ihrer Sammelstelle!
Hofinger.
Da ich sie kenne, brauchen Sie sich nicht auszuweisen.
Inspektor.
Ja, genau, ich bin von der Ludwigsburger Kontrollstelle.

Hofinger.
Ist gut. Schauen sie, hier haben wir die ungespritzten Äpfel und dort drüben die gespritzten. Örtlich schön getrennt.
Inspektor.
Sieht ordentlich aus! Was machen sie denn, wenn jemand Äpfel abliefert und sie seinen Namen nicht kennen?
Hofinger.
Dann muss er mir eine Vollmacht vorlegen, wie z.B. hier. Mein Sohn Adam Huber, bevollmächtigt von Paul Huber.
Inspektor.
In Ordnung. Hier kommt ja einiges an Äpfeln zusammen.
Hofinger.
Ja die Saison läuft gut, ich kann nicht klagen.
Inspektor.
Kann ich noch einen ihrer köstlichen Äpfel versuchen, der sieht ja wirklich makellos aus, fast wie Tafelobst, kein bisschen Schorf oder Flecken.
(er reibt ihn ab und beißt hinein)

Köstlich. Ich verabschiede mich und bis zum nächsten Mal.
Hofinger.
Gute Heimfahrt.

Zweite Scene.

Wohnung des Inspektors.
(Ein Nachbar klopft an Tür. Es wird nicht geöffnet. Ein weiterer Nachbar kommt hinzu.)

Erster Nachbar.
Wir sollten den Hauswart holen.
(Zweiter Nachbar holt den Hauswart, welcher die Tür aufschließt. Der Inspektor sitzt reglos im Sessel.)

Hauswart.
Mensch, der bewegt sich ja gar nicht mehr. Ruf die Polizei und am besten auch den Doktor.
(Ein Polizist kommt mit einem Arzt herein.)

Arzt.
Keine Lebenszeichen mehr. Seltsam, seltsam…Ich möchte den Verstorbenen zur Gerichtsmedizin nach Tübingen überstellen.
Polizist
(zum Arzt).
Rufen sie mich bitte an, sobald sie das Ergebnis haben.

Dritte Scene.

Polizeiwache.
(Das Telefon klingelt. Der Polizist nimmt den Hörer ab und meldet sich.)

Arzt.
Der Gerichtsmediziner stellte fest, dass Spuren des Zeidlerschen Pulvers und Chrysanthemen im Blut sind. Das sind Mittel, die auch zum Spritzen von Äpfeln eingesetzt werden. Die Mengen sind aber normalerweise nicht tödlich.
Polizist.
Keine Fremdeinwirkung?

Arzt.
Nein, und der Tod trat wegen eines Schocks ein, vermutlich wegen der beiden Substanzen.
Polizist.
Wer überempfindlich ist, weiß sich danach zu verhalten.
Arzt.
Was hat denn der Inspektor beruflich gemacht?
Polizist.
Er war Gutachter für landwirtschaftliche Betriebe und Apfelbauern.
Arzt.
Und wo war er gestern?
Polizist.
Bei einer Apfelsammelstelle in Beiershausen, unangemeldet.
Arzt.
Und was war da seine Aufgabe?
Polizist.
Er hat die Sammelstelle begutachtet, weil dort Äpfel abgegeben werden, die nicht mit Insektiziden behandelt wurden.

Arzt.
Der Inspektor hat aber Insektizide im Blut! Bei einer solchen Sammelstelle dürften Äpfel keine Spuren davon enthalten.
Polizist.
Vielleicht hat er sich ja auf dem Markt Tafeläpfel gekauft.
Arzt.
Unwahrscheinlich. Wer weiß, dass er etwas nicht verträgt, der isst das normalerweise nicht. Also hat er vielleicht bei der Inspcktion einen Apfel gegessen, der mit Schädlingsbekämpfungsmitteln behandelt war.
Polizist.
Wer die Überempfindlichkeit kennt, könnte dies absichtlich gegen den Inspektor eingesetzt haben.
Arzt.
Ich glaube nicht an Vorsatz. Eher unwahrscheinlich, dass jemand in Beiershausen die Überempfindlichkeiten des Inspektors kennt.

Polizist.
Wir werden uns die Sammelstelle genauer anschauen müssen. Zumindest dürften dort keine Insektizide gefunden werden.

Vierte Scene.

Hofingers Sammelstelle.

Polizist
(zu Hofinger).
Können Sie mir bitte die Liste ihrer Apfelbauern geben und eine Aufstellung aller Anlieferungen der letzten zwei Wochen? Außerdem muss ich wissen, wohin sie die Äpfel weiterverkauft haben? Bitte nennen sie mir daher auch alle Abnehmeradressen.
Hofinger.
Kann ich schon machen. Vielleicht sagen sie mir aber noch, weshalb sie das brauchen!
Polizist.
Wir ermitteln in einem Todesfall, mehr Auskünfte darf ich nicht machen.

Hofinger.
Das ist bedauerlich. Hier sind die Listen. Ich sage Ihnen aber gleich, hier werden sie nichts finden. Wir sind ein ordentlicher, korrekter Betrieb und wir haben uns nichts zu Schulden kommen lassen.

Polizist.
Sie werden wieder von uns hören.

Fünfte Scene.

Polizeiwache.

Polizist
(telefoniert mit Kaufmnann eines Apfalsaftbetriebes in Erdmannhausen).
Sie haben die letzten zwei Tage Äpfel von der Hofingerschen Sammelstelle in Beiershausen erhalten. Sind die Äpfel noch da oder schon verarbeitet?

Kaufman.
Die Hofinger-Äpfel sind noch im Container. Sie sollen heute Abend gepresst werden.

Polizist.
Handelt es sich um konventionelles Mostobst?
Kaufmann.
Nein, es sind Äpfel, die nicht mit Spritzmitteln behandelt wurden.
Polizist.
Bringen sie mir bitte zwei Apfelkörbe voll als Probe vorbei, von allen Stellen aus dem Container etwas.
Kaufmann.
Das kann ich gerne erledigen. Haben Sie irgendwelche Befürchtungen?
Polizist.
Das ist streng vertraulich, was ich Ihnen jetzt sage. Wir suchen Spuren von Insektiziden.
Kaufmann.
Das Ergebnis müssen wir aber unbedingt erfahren. Ich kann die Pressung der Äpfel noch einen Tag aussetzen, länger nicht.
Polizist.
Ich rufe sie morgen am späten Vormittag an, dann haben wir das Ergebnis der Analysestelle.

———

Sechste Scene.

Polizeiwache.

Polizist
(telefoniert einen Tag später mit Apfelsaftbetrieb in Erdmannhausen).
Sie warten sicher schon auf das Ergebnis über die Beiershausener Äpfel!

Kaufmann.
Ja, unbedingt.

Polizist.
Dann halten sie sich fest. Einige sind gespritzt und einige nicht.

Kaufmann.
Das ist ja ungeheuer. Es sollte komplett ungespritzt sein!

Polizist.
Unser Ergebnis besagt, dass sie eine Mischung aus gespritzten und ungespritzten Äpfeln in dem Beiershausener Container haben. So gesehen können sie das Obst zwar verarbeiten, es aber nicht als Ware deklarieren ohne Spritzmittel.

Kaufmann.
Danke die Auskunft ist für uns sehr wichtig. Wir müssen mit der Sammelstelle ernsthaft verhandeln. So etwas darf nicht passieren, zumal wir auch viel zu viel für die Äpfel bezahlt haben.

Siebente Scene.

Sammelstelle Hofinger.

Polizist
(zu Hofinger).
Wir haben festgestellt, dass sie nicht etwa ungespritzte Äpfel verkauft haben, sondern eine Mischung, also gespritzte Äpfel und ungespritzte durcheinander.

Hofinger.
Das kann nicht sein, das darf doch wohl nicht wahr sein.

Polizist.
Doch, es gibt keinen Zweifel. Ihrer Abnehmerfirma in Erdmannhausen haben wir Bescheid gegeben wegen unserer

Ermittlungen. Das Wirtschaftliche können Sie mit der Firma direkt klären oder es vor Gericht austragen.

Hofinger.
Und - was war mit dem Todesfall?

Polizist.
Ihr Inspektor, der ihre Sammelstelle inspiziert hat, ist gestorben. Die Gerichtsmedizin sagt, an einem Schock, vermutlich wegen einer Unverträglichkeit gegen Mittel, die bei gespritzten Äpfeln vorkommen und bei Ihnen hat er möglicherweise einen Apfel gegessen. Es könnte aber auch andernorts gewesen sein. Wir haben sie überprüft, sie sind unbescholten und es liegt kein Verdacht gegen sie vor. Es scheint ein tragisches Ereignis zu sein.

Hofinger.
Das kann man wohl sagen.

Polizist.
Regeln Sie die Sache mit der Erdmannhäuser Firma im Guten. Einen schönen Tag noch, falls man das noch sagen kann.

———

Achte Scene.

Gerberstüble, Nebenzimmer.

Hofinger
(liest Schweizer den Brief vom Erdmannhausener Safthersteller vor).
Sehr geehrter Herr Hofinger, wir haben von einem unglaublichen Vorgang Kenntnis erlangt.
Zunächst ist es schlimm, dass der vereidigte Inspektor zu Tode kam, wenn vermutlich auch unbeabsichtigt. Es gibt aber einen Zusammenhang zwischen Ihrer Sammelstelle und der Lieferkette, und insofern sind wir auch davon betroffen. Eine Untersuchung wurde eingeleitet. Hierbei ließen sich unzweifelhaft toxische Rückstände des Zeidlerschen Pulvers, Chrysanthemen und Arsen feststellen, welche auf den Einsatz von Insektiziden schließen lassen. Sie haben also massiv gegen unsere vertragliche Vereinbarung verstoßen und gespritzte und ungespritzte Äpfel gemischt angenommen und an uns, vorsätzlich oder fahrlässig, als

einwandfreie, ungespritzte Ware tituliert, zu hohem Preis verkauft. Der Ihnen gezahlte Preis für die Äpfel war daher ungerechtfertigt und überteuert. Da wir Ihnen keinen Vorsatz unterstellen wollen, sondern nur Schlamperei, möchten wir uns gütlich mit Ihnen einigen.
Wir fordern daher keinen Schadensersatz, sondern nur 2/3 des gezahlten Geldes zurück, da wir den vermischten Saft nur noch als normale Ware verkaufen können. Ich fordere Sie daher auf, das Geld umgehend an uns zurückzuerstatten, dann könnten wir die Sache damit beilegen. Von Ihrem Verhalten wird es abhängen, ob wir in Zukunft noch einmal mit Ihnen Geschäfte machen können.
Hochachtungsvoll
Apfelsaftbetrieb Erdmannhausen

Hofinger
(zu Schweizer).
Jetzt geht's mir noch schlimmer als dir. Der Schaden ist größer als ein Jahresgewinn. Du hast mir doch versprochen, dass nur ungespritzte Äpfel abgegeben werden! Siehst du eine

Mitschuld bei dir? Kannst du dir vorstellen, wie es mir geht?

Schweizer.

Ja, ich habe den Apfelbauern vertraut, auf Treu und Glauben. Ich habe meine Verträge mit den Leuten und es haben welche dagegen verstoßen. Ich wurde auch betrogen.

Hofinger.

Das Schlimme dabei ist, dass der Inspektor starb, weil er versehentlich einen gespritzten Apfel gegessen hat. Das ist ja wie bei Schneewittchen und den sieben Zwergen. Wenn man das weitererzählen würde, das würde keiner glauben.

(Hofinger bringt zwei Schnäpse.)

Schweizer.

Auf uns beide und bessere Geschäfte.

Hofinger.

Jawohl. Es bleibt mir nichts anderes übrig, als zu bezahlen.

Schweizer.

Ja, sonst könnte es noch teurer werden, wenn die Erdmannhäuser vor Gericht ziehen sollten.

Ich komm beim besten Willen nicht darauf, wer uns so schaden konnte. Alle Apfelerzeuger haben uns versichert, sie würden die Äpfel naturbelassen an uns abgeben. Jeder der dagegen verstößt, schadet der ganzen Erzeugergemeinschaft.

Hofinger.

Und indirekt hat der Apfelbauer, der toxische Mittel verwendet hat, auch noch den Inspektor auf dem Gewissen, der daran gestorben ist.

Schweizer.

Schändlich, aber keiner konnte wissen, dass er allergisch reagiert. Stell dir vor, man hätte das noch uns angelastet. Dann wären wir jetzt beide in Haft.

Hofinger.

Lassen wir es sein?

Schweizer.

Was meinst du, das ganze Projekt? Nein wir müssen nochmals alle Apfelbauern darauf einschwören und besser kontrollieren. Wir müssen zur Abschreckung ein Exempel statuieren.

Alle die mehr als üblich Äpfel abgegeben haben, werden aus unserer Gruppe der Apfelerzeuger entlassen. Die sind nicht redlich, darunter nur kann der Sündenbock sein!

Hofinger.
Wir dürfen sie aber nicht direkt brandmarken.

Schweizer.
Nein, wir bleiben diplomatisch und umgänglich.

Hofinger.
Es geht nicht anders. Wir schreiben einen Brief, den wir am Anschlagplatz aushängen, wir müssen jetzt ein Bauernopfer bringen.

Schweizer.
Also lass uns formulieren.

(schreibt)

An der nächstjährigen Apfelabgabe, werden zwei der bisher zertifizierten Apfelbauern nicht mehr beteiligt sein. Ihre abgegebenen Erntemengen waren nicht plausibel. Sie werden daher aus der Erzeugergemeinschaft ausgeschlossen.

Außerdem werden wir künftig 2x/Jahr
Ihre Obstwiesen kontrollieren. Wir
weisen nochmals darauf hin, weil es uns
wichtig ist, dass keinesfalls Insektizide
aufgetragen werden dürfen. Dies hätte den
sofortigen Ausschluss aus der
Gemeinschaft zur Folge.
Hochachtungsvoll
Schweizer & Hofinger

Neunte Scene.

Aushangplatz.
(Hofinger und Schweizer bringen den Aushang an und diskutieren.)

Hofinger.
Dumm nur, dass ich den Apfelbauern den
hohen Betrag zahlen musste für
makellose, ungespritzte Äpfel. Das ist
mein Verlust. Den Verlust müssten wir
aber eigentlich teilen! Das ist doch
Ehrensache oder?

Schweizer.

Ich kann mir denken, wie es dir geht. Es tut mir schrecklich leid, aber ich kann deinen Schaden nicht groß mildern, weil ich selbst nicht mehr viel habe. Der Schaden durch Bühler hat mein Geld aufgefressen.

Hofinger.

Also unter der Voraussetzung kann ich dir nicht versprechen, dass ich ein weiteres Jahr für dich eine Sammelstelle unterhalte. Es ist schon so, dass rechtlich die Verantwortung bei mir liegt. Das Obst kam aber über deine Vermittlung und ich habe es angenommen.

Schweizer.

Ich weiß auch nicht, ob ich weitermachen kann und soll. Ich wollte den Leuten was Gutes tun und das ist der Lohn, wir beide wurden betrogen und ich frage mich, ob wir die schwarzen Schafe wirklich gefunden haben.

———

Zehnte Scene.

Apfelbauern beim Aushangplatz.

Erster Apfelbauer.
Irgendetwas beim Projekt vom Schweizer scheint nicht zu laufen. Ich vermute Bühler steckt dahinter.
Zweiter Apfelbauer.
Das könnte schon stimmen, er spricht immer schlecht über den Schweizer und seine Initiative.
Erster Apfelbauer.
Das sollten wir dem Schweizer sagen.
Dritter Apfelbauer.
Und dem Bühler einen Streich spielen.
Zweiter Apfelbauer.
Ich hätte eine Idee. Wir haben doch unsere fauligen Äpfel alle auf Haufen gesammelt. Kippen wir doch dieses faulige Obst beim Bühler vor der Haustür ab.

(Alle drei lachen.)

Dritter Apfelbauer.
Das machen wir am Ende der Apfelsaison, an einem Wochenende, Samstag auf Sonntagnacht?
    Erster und zweiter Apfelbauer.
Einverstanden.

Elfte Scene.

Kontor Bühler.
(Bühler und seine Frau.)

    Frau Bühler.
Auf dem Markt habe ich erfahren, dass der Inspektor, der bei Hofingers Sammelstelle kontrollierte, einen Tag darauf gestorben ist.
    Bühler.
Täglich sterben Leute.
    Frau Bühler.
Sei nicht so herzlos. Die Leute sagen, man habe Reste von Insektiziden bei ihm gefunden und außerdem, dass er von den Äpfeln dort gegessen habe.

Bühler.
Von gespritzten Äpfeln stirbt man nicht.
Sonst wären wir alle nicht mehr da.
Frau Bühler.
Merkwürdig ist es aber schon. Er war
dort, um zu prüfen, ob die ungespritzten
Äpfel gut getrennt angenommen und
gelagert werden.
Bühler.
Der Hofinger hat halt einen
Schlamperladen. Er bekommt die
Trennung von ungespritzten und
gespritzten Äpfeln nicht hin. Warum hat
er auch eine Sammelstelle eröffnet. Ich
sage, Schuster bleib bei deinem Leisten.
Frau Bühler.
Mitleid hast du keins. Manchmal bist du
wirklich ein Kotzbrocken. Ich weiß nicht,
ob ich das noch lange mit dir aushalte.
Bühler.
Pff..Pff

———

Zwölfte Scene.

Linde.

Bühler
(wartet wieder unter der Linde. Wieder kommt der junge Mann angeschlendert, den er schon einmal gedungen hat).
Ich brauch dich nochmal. Diesmal musst du einen Kumpel zur Unterstützung mitbringen. Ich habe einen Widersacher, der eine gehörige Abreibung verdient hat. Ich verabrede mich nächste Woche am Montagabend um neun Uhr mit Hofinger, zu einem Spaziergang im Weinberg, beim Galgen.
Ihr kommt von hinten, raubt uns aus und schlagt ihn grün und blau, dass ihm Hören und Sehen vergeht. Ich flüchte und rufe um Hilfe. Den Hofinger aber net totschlage, gell!
Mann.
Und was bezahlste?
Bühler.
Für jeden fünfzig Mark und eine Flasche schottischen Whiskey.

Mann.
Haste wohl schon in der Tasche, wa?
Bühler.
Schlaumeier, natürlich, hier zwei Flaschen und hundert Mark.
Gib mir die Hand.
(Mann schlägt ein.)

Dreizehnte Scene.

Kontor Bühler.

Bühler
(schreibt einen Brief an Hofinger).
Hallo Hans,
ich habe von der unglücklichen Sache mit dem Inspektor gehört, in deren Folge Du einen größeren Schaden erlitten hast, den du nun begleichen musst.
Ich glaube der Zeitpunkt ist gekommen, dass wir uns einmal richtig aussprechen.
Ich kann Dich auch unterstützen, da ich weiß, dass Du Hilfe dringend gebrauchen könntest und in Deinem Umfeld wohl mit keiner Unterstützung rechnen kannst.

Mein Vorschlag wäre, wir treffen uns
kommenden Montag um neun Uhr am
Abend zu einem schönen Spaziergang im
Weinberg, oben beim Galgen. Da können
wir dann alles Weitere besprechen. Ich
warte auf Dich auf dem Bänkchen unter
der Linde.
Viele Grüße
Jacob Bühler

―――――

Vierter Teil

Erste Scene.

Von der Linde zum Weinberg.

(Am Rande des Weinbergs wartet Bühler unter der Linde auf Hofinger. Hofinger kommt als Zweiter zum Treffpunkt. Zusammen gehen sie in Richtung Weinberg und unterhalten sich angeregt.)

Bühler.
Ich wollte mich schon seit langer Zeit mit dir besprechen. Wollen wir das Kriegsbeil nicht begraben? Du weißt schon, ich meine die Geschichte um den Flaschenschaden.
Hofinger.
Komm bitte zur Sache.
Bühler.
Du bist jetzt doch auch in das Apfelgeschäft eingestiegen. Wäre da eine Zusammenarbeit nicht sinnvoll? Den

Schweizer brauchen wir für das Geschäft nicht unbedingt!

(Plötzlich trappeln schnelle Schritte.)

Hofinger.

Ich höre was.

Bühler.

Da war nichts.

(Von hinten kommen zwei junge Männer, es gibt ein Gerangel und reichlich Schläge, vor allem auf Hofinger.)

Erster Mann.

(zu Hofinger).

Geld her oder Leben, mach schon.

(Im weiteren Handgemenge löst sich plötzlich ein Schuss. Hofinger strauchelt, fällt hin und stöhnt.)

Bühler

(flüchtet).

Hilfe, Hilfe, Überfall.

Zweiter Mann.

Was war das?

Erster Mann.

Weiß nicht, es ging so schnell. Nimm sein Portemonnaie.

(Beide rennen davon und lassen Hofinger stöhnend liegen. - Stille.)

Bühler
(läuft zur Polizeiwache).
Überfall, schnell, beim Weinberg.
(Polizist und Wachtmeister nehmen sich eine Trage und laufen zusammen mit Bühler zum Weinberg.)

Wachtmeister.
Der ist ja erschossen worden.
(hebt die Waffe mit spitzen Fingern auf und steckt sie ein.)

Polizist.
Das muss der Arzt feststellen.
(zu Bühler)
Sie kommen nochmals mit zur Wache, zur Aufnahme der Personalien und zum Verhör.

———

Zweite Scene.

Gerberstüble.

Bürger
(drängen sich vor dem Gerberstüble und reden aufgeregt durcheinander.)

„Auf den Hofinger wurde geschossen."
„Er soll tot sein."
„Das kann nicht sein."
„Im Krankenhaus liegt er."
„Nein, sie haben einen Sarg reingetragen und wieder heraus."
„Die arme Frau."
„Was ist denn passiert?"
„Wo wurde er erschossen?"
„Weiß man schon, wer ihn umgebracht hat?"
„Es gibt einen Verdächtigen."
„Ein Betrunkener hat erzählt, er sei dabei gewesen."
„Der Bühler soll auch dabei gewesen sein."
„Wieso, lebt der Bühler noch oder hat`s den auch erwischt?"

„Nein der Bühler soll gerade von der Polizei verhört werden."
„Was haben die denn im Weinberg gemacht?"

Schweizer
(zu Frau Hofinger).
Warum war ihr Mann denn beim Weinberg?
Frau Hofinger.
Er hat sich dort mit Bühler getroffen. Dann wurden beide überfallen.
Schweizer.
Bühler ist nichts passiert?
Frau Hofinger.
Nein, der ist geflüchtet und hat um Hilfe gerufen. Danach wurde er kurz von der Polizei vernommen und durfte wieder nach Hause gehen.
Schweizer.
Die Verbindung zwischen Bühler und ihrem Mann erscheint mir seltsam!

———

Dritte Scene.

Weg beim Steinbruch.

(Schweizer rennt nach Hause, sucht seine Schwester und fragt einen betrunkenen Mann, der an der Hauswand lehnt.)

Schweizer.
Haben sie zufällig meine Schwester Anna Kurtz gesehen?

Mann.
Ja, die ist dort oben langgegangen, sie war in Begleitung.

Schweizer
(Rennt den Weg entlang, es ist ziemlich dämmerig. Zwei Personen gehen spazieren und als sich Schweizer von Weitem nähert, verschwindet ein Mann unbemerkt im Gebüsch. Schweizer trifft auf seine Schwester.)
Zum Glück habe ich dich gefunden. Du ganz allein, ich hörte du seist in Begleitung!

Anna-Maria.
Nein, wieso, ich bin allein.

Schweizer.
Es ist etwas ganz Schlimmes geschehen.
Der Hofinger wurde erschossen. Zwei
Männer haben ihn und Bühler überfallen,
als sie im Weinberg waren. Hofinger ist
tot.
Anna-Maria.
Um Himmels willen, das kann doch wohl
nicht wahr sein.
Schweizer.
Doch. Es ist schrecklich. Ich habe meinen
Freund verloren. Was mach ich jetzt ohne
ihn? Aus und vorbei. Mit Hofinger stirbt
auch mein Apfelprojekt, womöglich muss
ich jetzt noch die Schulden von ihm
übernehmen, weil ich beteiligt war.
Anna-Maria.
Wie kannst du jetzt an dein blödes
Apfelprojekt denken.
Schweizer.
Halt dich zurück und überlege was du
sagst. Hättest du nicht mit Bühler
angebändelt wäre das nicht passiert. Du
und Bühler ihr seid an allem schuld.

Anna-Maria.
Überlege dir, was du sagst. Ich habe ihm fast nichts erzählt und gehabt habe ich nichts mit ihm.
Schweizer
(hält seine Schwester fest).
Aber sicher. Es fällt mir wie Schuppen von den Augen. Du hast bei ihm gearbeitet und alles über mein Projekt gesagt. Der wusste doch immer Bescheid über alle Schritte von Hofinger und mir. Du bist mit daran schuld, dass das ganze Projekt den Bach runtergeht. Bühler wollte mein Umfeld zerstören, damit mein Projekt stirbt und jetzt hat er gar Hofinger richten lassen. Bühler kann man seine Schandtaten selten beweisen, der kommt fast immer durch, aber du mir nicht, ich habe dich durchschaut.
Anna-Maria.
Du bist ja von Sinnen. Lasse mich gefälligst los und beherrsch dich wieder.
(Schweizer läßt sie los)

Ich habe damit nichts zu tun! Wenn, dann hat Bühler das alles eingefädelt und mich missbraucht, dann bin auch ich sein Opfer. Und jetzt lass mich in Ruhe, ich muss nachdenken.
(Sie wendet sich ab und geht den Weg weiter. Schweizer steht zunächst wie angewurzelt da, dreht sich schließlich um und macht sich auf den Weg nach Hause.)

(Der Mann kommt wieder aus dem Gebüsch. Anna-Maria und der Mann geraten in einen heftigen Streit, rangeln auf dem Weg und schließlich am Rande des Steinbruchs. Steine rutschen, Anna-Maria stolpert über die Kante, kann sich gerade noch halten.)

Anna-Maria
(verzweifelt).
Hilf mir doch.

Mann
(legt sich auf den Boden und versucht sie zu erreichen).
Ich kann nicht, ich komm nicht hin.

Anna-Maria
(schreit verzweifelt, verliert den Halt und stürzt hinab. Aufschlag. Danach Stille).
Mann.
Scheiße, verdammte Scheiße.
(heult)
Was ist passiert. Schrecklich. Sie muss tot sein, das kann keiner überleben.
(rennt davon).

———

Vierte Scene.

Schweizers Stube.

Schweizer
(kommt zu Hause an).
Jetzt brauche ich einen Schnaps.
(Er greift nach einer Flasche, trinkt ein Glas nach dem anderen und legt sich schließlich schluchzend ins Bett, zieht die Bettdecke über sich.)

———

Fünfte Scene.

Polizeiwache.

(Ein Wachmann betritt mit einem Bauer die Polizeiwache.)

Wachmann
(zum Polizisten).

Unten am Steinbruch hat dieser Bauer eine leblose Frau gefunden. Anna-Maria Kurtz. Ein Arzt wurde gerufen und hat ihren Tod festgestellt. Jetzt ist sie im Leichenschauhaus.

Polizist
(zum Bauern).

Weiß jemand etwas?

Bauer.

Ja schon. Einer behauptet, sie sei alleine spazieren gegangen und ein anderer will sie gestern Abend in Begleitung eines Mannes gesehen haben.

Polizist.

Und der Mann, weiß man wer das war?

Bauer.

So genau weiß man´s wohl nicht, es wir halt spekuliert.

Polizist.
Dann spekuliere mal laut und deutlich, so dass ich es hören kann.
Bauer.
Von der Statur her, vielleicht so ähnlich wie die von Bühler.
Polizist
(zum Wachtmeister).
Schicken Sie bitte jemanden zum Schreiner Schweizer und lassen sie ihm ausrichten, es sei ein Unglück geschehen und er soll bei uns vorbeikommen.
(Wachtmeister und Bauer gehen ab.)
Wachtmeister
(kommt einige Zeit später mit einem Zeugen herein und berichtet zunächst wie es Schweizer geht).
Der Schweizer ist krank im Bett und fiebert. Der Arzt kennt aber noch nicht die Ursache. Eine Nachbarin macht dem Schweizer kalte Wickel.
Polizist.
Dann verschonen wir ihn zunächst mit der tragischen Nachricht. Aber der Nachbarin haben sie wohl schon gesagt, was passiert ist?

Wachtmeister.
Aber sicher doch, auf mich ist Verlass.
Polizist.
Ja, sie sind vorhersehbar. Wen haben sie denn da mitgebracht?
Wachtmeister.
Einen Zeugen, der will was gesehen haben.
Polizist.
Was wollen sie erzählen?
Zeuge.
Erstens weiß ich, dass der Hofinger eine Waffe von seinem Vater hat und zweitens kamen um besagte Uhrzeit, etwa viertel nach neun zwei Männer an mir vorbeigerannt. Die kamen vom Kirchenweinberg. Der eine ist ein richtig übler Schläger, der gegenüber dem Bahnhof wohnt.
Polizist.
Sie gehen mit dem Wachtmeister zum Bahnhof und identifizieren den Schläger.
(Wachtmeister und Zeuge verlassen den Raum.)

(Es klopft. Der Wachtmeister betritt mit einem Arzt den Raum.)
Wachtmeister
(zum Polizisten).
Frau Hofinger bestätigt, dass die Waffe ihrem Mann gehört. Ein Erbstück des Vaters.
Polizist.
Interessant.
Arzt.
Hofinger muß nach Tübingen verlegt werden.
Polizist.
Es soll während der Ermittlungen keiner wissen, dass Hofinger noch lebt. Halten sie sich daher bedeckt, ob er nach Tübingen kommt, zur Behandlung, weil er verstorben ist oder wegen der Gerichtsmedizin.
Polizist
(zum Wachtmeister).
Sprechen sie bitte mit Hofingers Frau, dass sie mitgehen soll und für die Sammelstelle eine Vertretung braucht.
(Wachtmeister und Arzt treten ab.)

―――――

*(Kurze Zeit darauf.
Wachtmeister klopft und bringt einen
Mann in Handschellen herein.)*

Polizist.
Sie wurden von mehreren Zeugen eindeutig identifiziert. Gestern Abend rannten Sie zusammen mit einem anderen Mann den Weinberg herunter, es war etwa viertel nach neun, kurz davor hat man einen Schuss gehört. Es spricht alles gegen sie.

Mann
(schweigt zunächst).
Ich habe keinen Schuss gehört.

Polizist.
Was wollten Sie beim Weinberg, woher kamen Sie?

Mann.
Wir hatten uns auf einen Stein gesetzt, auf die Ortschaft heruntergesehen und was getrunken.

Polizist.
Lauschig. Was haben sie getrunken und wie heißt denn dieser Freund?
Mann.
Whiskey haben wir getrunken und der Bekannte, ich kenne nur seinen Spitznamen, er heißt Hotte.
Polizist.
Und wo er wohnt, dieser Hotte wissen sie sicher auch nicht.
Mann.
Richtig.
Polizist.
Dachte ich mir, Hauptsache sie wissen noch, wie sie selbst heißen.
Mann.
Wenn sie meinen, vielleicht vergesse ich das bald.
Polizist.
Werden sie nicht frech. Es geht um Totschlag, wenn nicht gar um einen Mord.
Mann.
Das lass ich mir nicht anhängen.

Polizist.
Bei Ihnen Zuhause hat der Wachtmeister zwei leere Whiskeyflaschen gefunden. Können sie sich das leisten?
Mann.
Habe ich geschenkt bekommen.
Polizist.
Ein blutbeflecktes Hemd lag auch bei Ihnen Zuhause. Wie kam es dazu?
Mann.
Hab mich geschnitten.
Polizist.
Zeigen sie mal die Wunde!
Mann.
Das ist schon länger her, der Schnitt ist schon verheilt. Das Hemd liegt da halt noch, ist aber altes Blut.
Polizist.
Hören sie doch auf. Das Blut am Hemd ist frisch. Erzählen sie keine Geschichten, sondern endlich, was passiert ist.
(Mann schweigt)
Ich verdächtige sie, dass sie gestern Abend Herrn Hofinger erschossen haben. An ihrem Hemd ist frisches Blut und Spuren von Pulver. Man kann den Schuss

noch förmlich riechen. Wenn sie reden ist
das für sie von Vorteil, denn schlimmer
kann es ja gar nicht mehr werden.
Was genau ist passiert, könnte vielleicht
ihr ominöser Hotte geschossen haben?
Wenn wir den gefunden haben, was
meinen sie, wie schildert er den Vorfall?
Ich tippe darauf, er bestätigt meine
Indizien und sagt aus, dass sie Hofinger
erschossen haben. Es spricht ja auch alles
gegen sie. Er hat sicher kein fleckiges
blutiges Hemd Zuhause. Reden sie
endlich, sonst kommen sie in
Untersuchungshaft. Sie sind noch jung
und der Knast ist nicht lustig. Packen sie
endlich aus.

Mann.

Was können sie mir zusichern, dass ich
nicht eingekerkert werde?

Polizist.

Gar nichts, aber es ist besser für sie.
Waschen sie sich rein. Wenn ein anderer
Schuld ist, sind sie aus dem Schneider.

Mann.

Wir wollten den Mann nur verprügeln,
mehr nicht. Wir konnten doch nicht

wissen, dass der eine Waffe hat. Die hat der selbst gezogen. Hotte wollte sie ihm abnehmen, hat gekämpft, ich wollte ihm helfen, dabei ist irgendwie ein Schuss losgegangen. Ich habe ihn nicht erschossen. Keiner wollte das.

Polizist.
Was hatten sie gegen Hofinger? Hat der ihnen etwas getan?

Mann.
Ich kannte den gar nicht. Ich sollte den nur zusammen mit einem Kumpel verprügeln.

Polizist.
Ist ja so einfach, dass macht man halt so, zwischendurch mal, man hat ja sonst nichts Besseres zu tun, als jemandem einen Satz heiße Ohren zu verpassen. Ja das macht Spaß, schönes Abendprogramm, endlich mal was los, ist ja so lustig. Was war denn der Lohn dafür?

Mann.
Eine Flasche Whiskey und fünfzig Mark, pro Nase.

Polizist.
Das hat sich mal aber wirklich gelohnt!
Mann.
Wie geht es jetzt weiter?
Polizist.
Da fehlt doch noch was, was ganz Entscheidendes. Sie müssen mir den Namen ihres Auftraggebers verraten.
Mann.
Ich weiß nicht wie der heißt.
Polizist.
Ich habe noch mehr zu tun heute, jetzt hilft nur noch reden, reden, reden.
Mann.
Der, der wegrannte und um Hilfe rief.
Polizist.
Was, das ist der Mann, der Auftraggeber? Der hat ihnen den Whiskey bezahlt und das Geld gegeben?
Mann.
Sag ich doch.
Polizist.
Das ist unser Herr Bühler!
Polizist
(winkt den Wachmann)
Mitnehmen.

Mann.
Ich habe doch geredet! Ich dachte ich komme dafür gleich wieder frei.
Polizist.
Kann noch werden, jetzt aber zunächst Haft, wegen Fluchtgefahr und Verdunkelungsgefahr, dann vor den Richter.
(zum Wachmann)
Abführen.
Danach bringen Sie mir rasch den Bühler.

(Wachmann führt Mann in Handschellen hinaus.)
Polizist.
Bürschlein, Bürschlein, Bürschlein, Bühler, du kannst was erleben.

———

(Kurze Zeit darauf klopft der Wachmann und bringt Bühler zum Verhör. Wachmann schreibt das Protokoll.)
Polizist.
Guten Tag Herr Bühler, ich weiß, sie stehen noch unter Schock, wegen des Überfalls auf sie und Herrn Hofinger,

deswegen haben wir sie gestern Nacht nur kurz vernommen. Ich habe sie jetzt vorgeladen, weil wir das Gespräch mit Ihnen brauchen, solange die Erinnerungen noch frisch sind.

Bühler.

Fragen sie nur.

Polizist.

Schildern sie mir bitte nochmals den Hergang. Sie waren zu einem Spaziergang verabredet. Gab es einen besonderen Anlass für den Spaziergang?

Bühler.

Wir wollten uns einmal aussprechen über die finanziellen Probleme, die Herr Hofinger zurzeit hat.

Polizist.

Hatte Herr Hofinger um das Gespräch gebeten, weil er Hilfe wollte?

Bühler.

Ich hatte es vorgeschlagen und angedeutet, dass ich ihm helfen könnte.

Polizist.

Ging es um eine größere Summe?

Bühler.

Vermutlich schon, ich kenne seine Belastungen aber nicht genau.

Polizist.
Ging es um private Schulden, Wettschulden oder um was genau?

Bühler.
Hofinger hat Schulden, weil er Äpfel falsch deklariert hat. Er muss vermutlich hohe Rückzahlungen im fünfstelligen Bereich leisten.

Polizist.
Ich glaube im korrekten Deklarieren von Äpfeln und Saft halten sie es alle nicht so genau. Und haben Sie so viel Geld übrig, dass sie Hofinger aushelfen könnten?

Bühler.
Ich habe gut gewirtschaftet, in den letzten Jahren gut an Äpfeln verdient, also könnte ich ihm helfen.

Polizist.
Schön, wenn man so jemanden zum Freund hat! Sie scheinen ja eine sichere Bank zu sein.

Bühler.
Ich helfe gerne, wenn Menschen in Not sind.

Polizist.
Und was geschah dann, bei der Aussprache im Weinberg?
Bühler.
Zwei junge Männer näherten sich von hinten und überfielen uns. Es gab Schläge, ein Handgemenge und plötzlich löste sich ein Schuss.
Polizist.
War das ihre Waffe, Herr Bühler?
Bühler.
Nein, ich besitze keine Waffe. Ich kann nicht sagen, woher die plötzlich kam. Bei dem Gerangel fiel der Schuss.
Polizist.
Haben sie nach der Waffe gegriffen?
Bühler.
Nein, ich versuchte mich gerade aus der Umklammerung eines Angreifers herauszuwinden, was mir dann auch gelang.
Polizist.
Und dann, was taten sie, als der Schuss fiel?

Bühler.
Der Angreifer, der mich festhielt, war kurz abgelenkt und ich konnte mich befreien und flüchten.
Polizist.
Was machten Sie?
Bühler.
Ich rief um Hilfe und rannte in Richtung Polizei davon.
Polizist.
Beschreiben Sie bitte die Täter möglichst genau.
Bühler.
Es war dämmerig ich konnte nicht viel sehen. Beide waren groß, schlank, einer blonde Haare, einer schwarze Haare.
Polizist.
Irgendwelche Auffälligkeiten?
Bühler.
Nein, ich war auch so erschrocken und kann mich an keine weiteren Einzelheiten erinnern.
Polizist.
Herr Bühler, vorerst vielen Dank, sie können wieder gehen, wir melden uns bei Ihnen.

(Bühler will sich erheben.)

Setzen bitte! Das war ein Scherz, dass sie gehen können. Ich lege jetzt mal einen Zahn zu. Sie kommen hier her, mimen den Ehrenmann, sind selbst wegen Falschangaben zu einer Geldstrafe verurteilt worden und erklären mir, sie seien hilfsbereit und würden Hofinger bei der Schuldentilgung helfen wollen. Sie behaupten, sie seien ein Wohltäter. Das stimmt ja alles nicht. Wenn sie den Apfelbauern einen Hungerlohn bezahlen für ihre Äpfel, sind sie auch kein generöser Mann. Das Wohl der Leute interessiert sie einen Dreck. Sie reden schlecht über Schweizers Apfelprojekt und sind ein Geizkragen, der den Hofinger aus dem Weg schaffen wollte, weil der jetzt eine konkurrierende Sammelstelle betreibt.

Bühler.
Was unterstehen sie sich? Das ist ja ungeheuerlich! Das muss ich mir nicht bieten lassen. Sie sind ein ganz kleines Licht! Das werden sie noch bereuen!

(Er will aufstehen und gehen.)
Polizist.
Wachmann, Handschellen!
(Wachmann bindet Bühler mit Handschellen an den Stuhl.)
Bühler.
Was soll das?
(er zerrt an seinen Handschellen.)
Polizist.
Sie kommen nicht mehr davon. Anstiftung zum Totschlag und es kommt noch dicker.
Bühler.
Bei ihnen ist eine Sicherung durchgebrannt, nein sie sind komplett durchgebrannt.
Polizist.
Sie haben sich mit Hofinger verabredet um ihn verprügeln zu lassen. Dafür haben sie zwei Schläger engagiert.
Was sie nicht wussten ist, dass Hofinger eine Waffe mitbringt, weil ihnen nicht zu trauen ist und er hatte recht damit. Die Waffe haben sie ihm im Handgemenge abgerungen, auf ihn gerichtet und abgedrückt. Sie haben Hofinger

erschossen. Das haben ihre zwei Prügelknaben ausgesagt.

Bühler.

Ihre Fantasien können sie sich sonst wohin stecken. Lassen sie mich auf der Stelle gehen.

Polizist.

Sie können nichts mehr entscheiden Herr Bühler. Sie gehen nur noch dahin, wohin ich es sage. Ich setzte das Verhör aus, gehen sie in sich, morgen machen wir weiter und ich empfehle ihnen, nehmen sie sich einen Anwalt!

Polizist

Wachtmeister, in die Zelle mit ihm.

(Bühler wird abgeführt).

———

Sechste Scene.

Polizeiwache.
*(Einen Tag später.
Wachtmeister betritt die Wache.)*

Polizist
(zu Wachtmeister).
Wie geht es dem Schweizer und hat ihm jemand gesagt, dass seine Schwester gestorben ist?

Wachtmeister.
Er fiebert immer noch, aber der Arzt hat ihm schon einmal angedeutet, dass seine Schwester nicht mehr zurückkommt.

Polizist.
Was für ein Unglück.
Jetzt zum Vorfall im Weinberg. Was hat die Untersuchung der Waffe ergeben?

Wachtmeister.
Auf Hofingers Pistole sind zwei verschiedene Fingerabdrücke.

Polizist.
Und?

Wachtmeister.
Die von Hofinger und die von Bühler.

Polizist.
Ist ja interessant! Die zwei Prügelknaben scheiden aus und Hofinger wollte sich wohl kaum selbst erschießen.
Bringen sie bitte Bühler zur Vernehmung herein.
(Wachtmeister bringt Bühler herein.)
Polizist
(zu Bühler).
So wie sie aussehen haben sie nicht gut geschlafen. Haben Sie einen Anwalt zur Vertretung ihrer Interessen beauftragt?
Bühler.
Ich bin unschuldig und kann mich selbst verteidigen.
Polizist.
Wenn sie meinen, dann machen wir weiter, wo wir gestern aufgehört haben. Sie haben Hofinger angeschossen, ihre Fingerabdrücke sind auf der Waffe und Hofinger könnte an den Folgen sterben. Sie haben den Vorfall als Überfall gemeldet und gingen anschließend zu Anna-Maria Kurtz, der Schwester von Schweizer. Mit ihr zusammen wurden sie gesehen.

Frau Kurtz war doch bis vor kurzem ihre Mitarbeiterin und die Leute sagen, sie hätten ein Verhältnis mit ihr gehabt und um das zu verschleiern, sei sie bald wieder aus dem Betrieb entlassen worden. Beim gemeinsamen Gang haben sie ihr von dem Überfall berichtet, sich mit ihr gestritten und die arme Frau schließlich den Steinbruch hinuntergestoßen. Man hat Spuren eines Kampfes festgestellt.

Bühler.
Was wollen sie mir alles anlasten. Ich habe vieles getan, aber das mit Sicherheit nicht. Ich bring doch keine Frau um.

Polizist.
Was haben sie denn getan?

Bühler.
Ich habe weder den Hofinger noch Anna-Maria auf dem Gewissen. Ich war nicht immer fair, aber ich musste im Interesse meines Geschäftes so handeln.

Polizist.
Erleichtern sie ihr Gewissen, das tut ihnen gut, dann geht es ihnen besser.

Bühler.
Ich habe an die Steinbacher einen Brief geschrieben, damit die Schweizers Obst nicht mehr annehmen.
Dann habe ich Anna-Maria eingestellt, weil ich hoffte, der Schweizer würde dann sein Apfelprojekt sein lassen. Als das nichts half und mir obendrein mein regionales Saftprojekt missglückte, habe ich dem Hofinger gespritzte Äpfel untergejubelt. Ich konnte ja nicht ahnen, dass ein kranker Inspektor bei ihm die Kontrolle macht. Mit dem Tod vom Inspektor und Anna-Maria habe ich wirklich nichts zu tun. Den Hofinger habe ich nur erschrecken wollen. Ich kann nichts dafür, dass die zwei Burschen so ausgerastet sind, das habe ich nicht gewollt.

Polizist.
Mir fehlen die Worte über so viel Niedertracht. Sie haben es verdient, für lange Zeit weggesperrt zu werden. Gewöhnen sie sich an den Gedanken eine harte Strafe zu erhalten und zu Zuchthaus verurteilt zu werden.

Polizist.
(zu Wachtmeister).
Den armen Mann abführen und danach informieren sie bitte seine Frau, wo ihr Mann abgeblieben ist, falls sie es nicht schon längst zugetragen bekam.

———

Siebente Scene.

Haus Bühler.
(Samstag auf Sonntagnacht, drei Apfelbauern kommen angefahren und kippen Bühlers Haustür mit faulen Äpfeln zu.)
Erster Apfelbauer.
Der Apfelpirat hat es verdient.
(Alle drei lachen.)
Zweiter Apfelbauer.
Dann mal gutes Erwachen!
(Alle drei lachen.)

———

Frau Bühler
(kommt am frühen Sonntag-Morgen nicht zur Haustür heraus. Sie geht hinten herum und sieht die zugekippte Haustür und bricht in Tränen aus).
Jetzt ist das Maß voll.

———

Achte Scene.

Gefängniszelle.

Schweizer
(an Pforte).
Ich möchte bitte zu Kaufmann Bühler, heute ist doch Besuchstag.

(Wird zur Zelle von Bühler gebracht.)

Guten Tag Herr Bühler. Denkwürdiger Ort, an dem wir uns hier gegenüberstehen. Ist das Gerechtigkeit?
Bühler.
Was wollen sie?

Schweizer.
Ihnen ins Gesicht sehen.
Bühler.
Was wissen sie schon?
Schweizer.
Alles weiß ich! Auch dass sie etwas mit meiner Schwester hatten und sie mit in den Zwist hineingezogen haben. Sie haben sie doch ausgehorcht auf Schritt und Tritt? Was sind sie nur für ein Mensch!
Bühler.
Ich mag manches getan haben, aber an ihrem Tod bin ich nicht schuld.
Schweizer.
Sie sind an den ganzen Ereignissen zumindest Mitschuld.
Bühler.
Sie, der Hofinger und die Apfelbauern wollen mich alle ruinieren.
Schweizer.
Das ist nicht wahr. Ich wollte mehr Gerechtigkeit und angemessenen Lohn für die Apfelbauern.
Sie aber sind schuld am Tod von zwei Menschen.

Ich merke aber, eine Aussprache mit ihnen ist zwecklos.
Ich werde sie vergessen und sie hören auf, für mich zu existieren.

(Bühler zunächst alleine. Kurz darauf wird Bühler von seiner Frau besucht.)

Frau Bühler
(berichtet heulend von dem morgendlichen Vorfall).
Die Apfelbauern haben die Haustür mit faulem Obst zugekippt. Was hast du getan! Was bist du nur für ein Mensch. Jetzt hassen dich alle und du hast dich und mich ruiniert. Ich halte das nicht mehr aus. Ich verlasse dich und gehe weg von hier.

Bühler.
Das darfst du mir nicht antun, es ist jetzt alles so schwer auszuhalten. Sogar einen Mord an Anna-Maria Kurtz wollen sie mir anhängen., doch ich war es nicht. Bitte gehe nicht!
(Frau Bühler geht schluchzend davon.)

Ich war nicht immer rechtschaffen, doch
ich wollte nur den Betrieb retten. Des
einen Erfolg ist der Mißerfolg des
anderen, das verstehen die Leute nicht.
Jetzt ist der Betrieb fast pleite.
Meine Frau lässt mich im Stich.
Bei der Gerichtsverhandlung sitzt dann
das ganze Dorf auf den Zuschauerbänken,
der Apotheker, der Lehrer, einfach alle.
Ich bin kein Mörder aber ich komme hier
nicht mehr heraus.
Das habe ich nicht verdient,
das halte ich nicht aus.

(Bühler erhängt sich in seiner Zelle.)

―――――

Neunte Scene.

Gerberstüble.

(Zwei Monate später, Hofinger hat überlebt und sitzt in einem bequemen großen Sessel im Gerberstüble. Verschiedene Apfelbauern sind zu Gast.)

Frau Hofinger
(zu ihrem Mann).
Wir freuen uns, dass die Tübinger Ärzte dich erfolgreich operiert haben. Du wirst wieder gesund und bis zur nächsten Apfelsaison geht es dir wieder gut.
Hofinger
(nachdenklich).
Wie geht es dem Schweizer?
Frau Hofinger.
Der Tod seiner Schwester hat ihn arg mitgenommen. Hoffen wir, dass er bald wieder klar sieht.
Hofinger.
Die Zeit wird auch seine Wunden heilen!

Frau Hofinger.
Lasst uns singen und auf dich anstoßen.
Zum ersten, zum zweiten und zum dritten.
(alle Gäste stimmen ein)

Viel Glück und viel Segen auf all deinen
Wegen, Gesundheit und Frohsinn sei auch
mit dabei.
Frau Hofinger.
Auf ein gutes, glückliches und gesundes
neues Jahr, Prost.
Schweizer
*(stößt die Tür auf und ist noch ganz außer
Atem. Er spricht in die Runde).*
Ich war auf dem Friedhof.
Bei meiner Schwester Anna habe ich auf
dem Grab einen neuen Kranz gefunden.
Auf der Schleife steht geschrieben:

Abend ist es! Hingesunken ist die Sonne.
Es kommt die Zeit, ich folge Deinen
Tritten, wo Du vorangeschritten. Deine
Leuchte sinket nicht!

Ich weiß nicht, von wem der Kranz mit
dem Spruch ist! Von Bühler kann er
jedenfalls nicht sein.
(er bekommt ein Glas gereicht)
Daraufhin ging ich zu Bühlers Grab,
denn ich glaube nicht mehr an seine
Schuld an Annas Tod.
Ihr seid vermutlich überrascht,
doch nun habe ich endgültig mit ihm
abgeschlossen und seiner Seele
Erlösung und Frieden gewünscht.
(Er zeigt mit dem Glas auf Hofinger)
Der Spruch auf dem Grab hat mich
zutiefst berührt und auch ich fühle mich
angesprochen.

***